# 靜修靈旅

## 在靜默和歌聲中默想聖經

泰 澤 著
陳翠婷 譯

基道出版社

▼

靈修著作精選

# 靜修靈旅

## 在靜默和歌聲中默想聖經

## Seeds of Trust

Reflecting On the Bible In Silence and Song

作者
泰澤 Taizé

譯者
陳翠婷

責任編輯
羅慧琪

裝幀設計
奇文雲海 · 設計顧問

■

出版/發行
基道出版社
香港沙田火炭坳背灣街26號富騰工業中心1011室
LOGOS PUBLISHERS
Unit 1011, Fo Tan Ind. Centre, 26 Au Pui Wan St., Shatin, Hong Kong
電話:(852) 2687-0331　傳真:(852) 2687-0281
網址:http://www.logos.com.hk

承印
海洋印務有限公司

●



10/2009 初版
Cat. No. LP635
ISBN: 978-962-457-388-6

Originally published under the title: Seeds of Trust



Printed in Hong Kong



刷次　10　9　8　7　6　5　4　3
年份　2018

# 目錄

## III. 關於內在的醫治

## IV. 重新發現的盼望



## V. 具洞察力地向前走

## VI. 學習去愛

# 導言

默想聖經就是讓自己融入愛與信心的故事當中。[1] 聖經記述的是愛的故事，因為它透露了神無窮的愛[2] 和熱切的渴求，以致每個知道自己被神所愛的人，[3] 都會期望有天可以全心愛神以回應祂的愛。[4] 聖經記述的是信心的故事，因為聖經描述的神是即使被人拒絕、被人離棄，都仍然願意相信人，[5] 愛人愛到底，[6] 做盡一切以喚起人的信心。[7] 沒錯，聖經就是愛與信心的故事，因為貫穿整本聖經的，彷彿就是神邀請每個人去相信祂的愛，完全信靠，以進入與祂永遠的相交裏。

可是，這份信心必須先克服恐懼、擔憂和困境，再持續得到滋潤、保護與更新，才能夠植根於內心深處，並且隨著時間在人的心內結果子。本書希望能夠幫助這份信心增長。書中共有六十篇由泰澤團體（Taizé Community）弟兄撰寫的聖經默想短文。[8] 這些短文共劃分為六個部分，描述一段內在的旅程：**發現一種愛**，是超乎我們所能想像的；**前往寬恕的泉源**，在那裏，神明白一切，並使我們得釋放；在神的帶領下逐步得到繼續旅途必需的**內在的醫治**；從愛裏**重新發現盼望**；在自由和信靠裏**具洞察力地向前走**；更加熱切地**學習去愛**。

每篇默想短文都附有相關的經文、問題，一首泰澤的詩歌，以及一篇由泰澤創辦人羅哲修士（Brother Roger）撰寫的禱文。其中詩歌和禱文是很好的提醒，幫助我們明白反省聖經的目的是跟愛我們的一位建立關係，而即使包括討論的時間，也不致引導我們止於屬靈的空談。

實際上，本書的不同元素可以有不同的用法。首先本書可以用來作個人反省。如果因學習或工作而無暇長時間安靜下來，你可以隨時用半個至一個小時的時間進入一間教堂，在教堂的房間裏跪在聖像前，或在大自然裏獨處。在寧靜中，你可以默想一段聖經經文，好讓經文對你的內心說話；可以用書中的禱文向神祈禱，或甚至可以給自己唱首詩歌。

本書也適用於分享的時間。例如同一間教會或同區的幾個朋友可以聚在一起朗讀聖經；然後花半個至一小時靜默下來，最後一起分享或祈禱結束聚會。如果難以同一時間相聚，可以先擬定各人於某一天內事先各自閱讀和默想，然後當晚所有人一同聚集在教會或任何一個參與者的家裏，簡短討論一下和一起祈禱。有些人可能會選擇在一個月內閱讀及翻看相同的內文，待完全消化當中的意思後，再相聚一起分享所得。最後，無論是教會的聚會，學生的聚會還是朋友的非正式聚會，都可以一起唱書內的詩歌，[9] 這樣，反思聖經與嘗試透過音樂默觀神的美麗就連繫起來。

**註釋：**

1. 參詩篇十三篇5節。
2. 例如參約翰一書四章8、16節，一章5節；約翰福音十五章9至12節；羅馬書五章6至8節，八章31至38節；以弗所書二章4至10節；詩篇一百零三篇；耶利米書三十一章3節；何西阿書二章18至23節；西番雅書三章17節。
3. 參提摩太前書二章4節。
4. 參馬太福音二十二章37節。
5. 參約翰福音二十一章15至17節；路加福音二十三章34節。
6. 參尼希米記九章16至19節；約翰福音十三章1節。
7. 參馬太福音九章2、22節，十七章7節；路加福音十二章7、32節；約翰福音六章20節。
8. 曾收錄在*Letter from Taizé*內。
9. 樂器伴奏及獨唱詩句可於www.taize.fr內所列的出版物清單內找到。

# I 發現一種愛

# 神無價的愛

神既有豐富的憐憫，因他愛我們的大愛，當我們死在過犯中的時候，便叫我們與基督一同活過來。你們得救是本乎恩。他又叫我們與基督耶穌一同復活，一同坐在天上，要將他極豐富的恩典，就是他在基督耶穌裏向我們所施的恩慈，顯明給後來的世代看。你們得救是本乎恩，也因著信；這並不是出於自己，乃是神所賜的；也不是出於行為，免得有人自誇。我們原是他的工作，在基督耶穌裏造成的，為要叫我們行善，就是神所預備叫我們行的。

以弗所書二章 4至10節

Toi, tu nous aimes / Lord God, you love us

主，祢愛我們，生命之源。

作者在寫給以弗所教會的書信中，宣告並讚美神無價的愛。即使我們「死在過犯中」，因著恩典「〔我們〕得救」（弗二5）。對保羅來說，恩典是基督徒生命的基礎。救恩是神所賜的禮物。我們並非像做好工作後賺得工資那樣去賺得救恩。我們得救，是因為神有豐富的憐憫和慈悲，也因為「神所能做的只有付出愛」（尼尼微的以撒〔Issac of Nineveh〕，七世紀）。

在舊約中，有一位先知很明白神無條件地愛著祂的子民，就是先知以賽亞。在一篇每年復活節守夜時都會朗讀的文章裏，以賽亞告訴人們：「你們一切乾渴的都當就近水來；沒有銀錢的也可以來。你們都來，買了吃；不用銀錢，不用價值，也來買酒和奶。」（賽五十五1～11）

在新約中，這份愛成為了一個人：耶穌基督。耶穌從來沒有說過「恩典」一詞。但祂透過行動、說話、寬恕，以及毫不吝嗇地獻出生命，向我們展示這愛有多深。耶穌邀請我們以祂的方式活著。神無價的愛不會使我們成為被動的人。這愛使我們「與基督一同活過來」（弗二5），使我們能夠敢於為別人獻出生命。由此，奇迹就會在我們的生命裏發生：我們開始像神愛我們那樣去愛人。還有，神會開始在我們裏面去愛。「我們原是他的工作，在基督耶穌裏造成的，為要叫我們行善，就是神所預備叫我們行的。」（弗二10）

- 我在甚麼時候經歷過無條件的愛？這經歷如何影響甚至改變我的生命？
- 還有甚麼聖經經文和耶穌的言行，幫助我明白以弗所書裏所說的「我們得救是本乎恩」，是因為神無價的愛？

神愛的靈氣，聖靈啊，我們相信祢，是因為祢令我們發現這個令人驚訝的事實：神不會使我們懼怕或苦惱；神所能做的只有愛。

## 神是慈悲

我的心哪，你要稱頌耶和華！
凡在我裏面的，也要稱頌他的聖名！
我的心哪，你要稱頌耶和華！
不可忘記他的一切恩惠！
他赦免你的一切罪孽，
醫治你的一切疾病。
他救贖你的命脱離死亡，
以仁愛和慈悲為你的冠冕。
他用美物使你所願的得以知足，
以致你如鷹返老還童。
耶和華施行公義，
為一切受屈的人伸冤。
他使摩西知道他的法則，
叫以色列人曉得他的作為。
耶和華有憐憫，有恩典，
不輕易發怒，且有豐盛的慈愛。
他不長久責備，
也不永遠懷怒。
他沒有按我們的罪過待我們，
也沒有照我們的罪孽報應我們。
天離地何等的高，
他的慈愛向敬畏他的人也是何等的大！
東離西有多遠，
他叫我們的過犯離我們也有多遠！
父親怎樣憐恤他的兒女，耶和華也怎樣憐恤敬畏他的人！……
你們一切被他造的……都要稱頌耶和華!

詩篇一百零三篇1至13節、22節

Bless the Lord

我的靈稱頌主，稱頌神的聖名。我的靈稱頌主，祂帶領我進入生命。

這首詩是對神的愛的有力讚美，以不同的形象勾劃出神無盡的能力與愛顧。這種自個人經驗而生的表白向兩方面發展，成為了這首詩開首和結尾的兩句呼召，也就是這首詩的高潮：「我的心哪，你要稱頌耶和華！」「你們一切被他造的……都要稱頌耶和華！」

在每個人的人生裏，以及在以色列的歷史裏，對神的介入的感激使人了解神的旨意和行事方式，使信徒渴求那愛更多更多，以致那愛能夠賦予他們整個人的生命力。

另外，神有無盡的慈愛的保證使信徒能夠除下面具，認清自己是貧乏的、脆弱的，但同時是自由的，並且蒙召去與神緊密同行。於是他們就能用神的方式去看彼此：植根於神的生命，他們就不會心懷憤怒或以惡報惡，與其他人的關係會因而改變。為了常常讚美神，敬拜者發現他們有責任去吸引所有受造物與他們一起讚美，喚起每個人對接受神的愛的渴望。

- 耶穌怎樣活出這首詩裏所讚美的神的愛？
- 我裏面的哪一部分仍未參與頌讚？
- 我們平日可以怎樣邀請未認識神的世人去頌讚神？

我們的盼望主耶穌，雖然我們是軟弱、貧乏的，我們仍深深渴望能明白祢愛我們，祢光照我們，讓我們明白祢憐憫我們。

# 神所能做的只有愛

後來我必勸導她，領她到曠野，對她說安慰的話。她從那裏出來，我必賜她葡萄園，又賜她亞割谷作為指望的門。她必在那裏應聲，與幼年的日子一樣，與從埃及地上來的時候相同。

何西阿書二章14至15節

Dieu ne peut que donner son amour / God can only give faithful love

神只能給予祂的愛，主祢心懷仁愛寬恕！哦，主祢是仁愛，哦，主祢是寬恕。

雖然先知何西阿是基督在世前八世紀的人，但很少信徒像他那麼明白「神所能做的只有愛」的道理。何西阿找到了這真理，並且以他作為先知的人生去實踐這真理。雖然有些先知會利用象徵，但何西阿提供的象徵卻是戲劇性的、強烈的。為了表達神和人的關係，何西阿要娶淫婦為妻，並且愛她。何西阿要容忍她的不忠。這位先知在想甚麼呢？與其他國家的政治結盟？也許不是僅僅如此，事實是以色列人不斷去拜別的神，以保證土地肥沃、家畜多產、家族生養眾多。

何西阿心中也有憤怒，這憤怒在第二章爆發出來。神無法再忍受了，祂已經為這國家做盡了一切可以做的，然而以色列人卻總是轉向別的神。這憤怒的原因以起訴的形式被提及過三次，而每一次，相應的懲罰都是以「因此……」（按：《和合本》翻譯略有出入。）的句式去表達。當經文第三次和最後總結以色列的不忠時，讀者預期經文會提出更大的懲罰。但相反我們只看到以下這段文字：「後來我必勸導她，領她到曠野，對她說安慰的話。……她必在那裏應聲，與幼年的日子一樣。」而在下一章，我們看到何西阿把他那不忠的妻子帶回去，並且按她原來的樣子愛她。

被福音稱為「新郎」的耶穌喜歡引用何西阿的說話。在一個罪人同席的飯局上，由於新郎同席而喜慶，並沒有禁食，當時耶穌引用神藉何西阿說的話去證明祂的行為是正當的：「我喜歡憐恤，不喜愛祭祀」（六6），祂來不是要指控祂的子民。在祂裏面是「比先知大多了」的——祂能給所有人一種全新的愛。

- 何西阿是第一個使用婚姻象徵的人，這象徵告訴我們神的甚麼？

- 為甚麼我們以為何西阿會宣佈懲罰時，他卻說出承諾？他明白到關於神的甚麼？

復活的基督，當我們單單去渴慕祢的愛，火花就會漸漸在我們的深處燃起。由聖靈燃起，雖然可能很微弱，但不會熄滅。當知道祢愛我們，信心就成了我們的頌歌。

# 給予全人類的愛

同席的有一人聽見這話，就對耶穌說：「在神國裏吃飯的有福了！」耶穌對他說：「有一人擺設大筵席，請了許多客。到了坐席的時候，打發僕人去對所請的人說：『請來吧！樣樣都齊備了。』眾人一口同音地推辭。頭一個說：『我買了一塊地，必須去看看。請你准我辭了。』又有一個說：『我買了五對牛，要去試一試。請你准我辭了。』又有一個說：『我才娶了妻，所以不能去。』那僕人回來，把這事都告訴了主人。家主就動怒，對僕人說：『快出去，到城裏大街小巷，領那貧窮的、殘廢的、瞎眼的、瘸腿的來。』僕人說：『主啊，你所吩咐的已經辦了，還有空座。』主人對僕人說：『你出去到路上和籬笆那裏，勉強人進來，坐滿我的屋子。』」

路加福音十四章15至23節

The kingdom of God

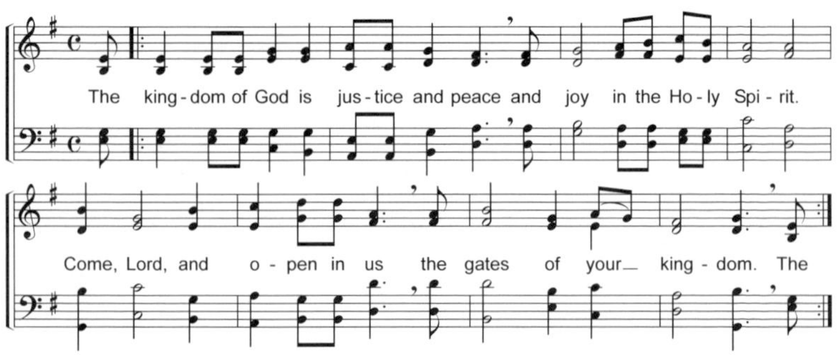


神的國度是公義和平安，聖靈裏的喜樂。主啊，來吧，開啟我們裏面通往祢國度之門。

耶穌被人問及「天國是怎樣的？怎樣才能夠進天國？」很多次了。人人的疑問都不一樣：天國會不會興起？還是天國會延遲，就像人們期盼著的應許那樣？

「同席的有一人……對耶穌說……」這次我們又來到了一個飯局，也就是路加福音裏常見的場面。耶穌就是那與我們同席的人。除了同席吃飯以外，人與人之間還怎樣可以更加親近呢？因此，耶穌就用這一個形象，去解釋神是怎樣等待和邀請我們。

根據馬太福音記載，這飯局是一個王的兒子的婚宴。那些獲邀出席的人怎麼可能會忘記婚宴日期呢？他們已獲邀請兩次；這婚宴代表著關乎這王國未來的頭等大事，即使他們的生意再重要也好，他們怎可以以自己的生意為先？只有那些貧窮的、跛腳的、失明的人才能夠接受邀請，進入神的歡樂裏，因為這些人不能夠打理自己的生意，在所有事情上他們都得依賴別人。耶穌離死亡很近，也許因此感到自己跟所有被遺棄、遺忘的人更加接近。祂明白，因著祂的復活，全人類就能夠蒙受神的愛。

面對難以理解的遺忘，有時甚至是拒絕，耶穌顯露出父神的慷慨形象。所有人都獲邀請成為這相交的一分子，而透過這奇妙的恩典，天國就顯現出來了。

- 在神的天國顯現出來的時候，在我們可以與基督及他人相交的時候，我們怎樣察覺得到呢？
- 赴這歡宴是無需條件的，我們怎樣可以每天都開放自己，去接受給予我們的喜樂？

耶穌基督，即使祢的復活只是在我們心中留下點點火光，也足以令我們可以與祢相交。我們從福音書明白到祢來不是為了小撮人，而是為了全人類，縱然他們未必知道祢與他們同在。

## 「我必不丟棄你」

「你們若愛我，就必遵守我的命令。我要求父，父就另外賜給你們一位保惠師，叫他永遠與你們同在，就是真理的聖靈，乃世人不能接受的；因為不見他，也不認識他。你們卻認識他，因他常與你們同在，也要在你們裏面。我不撇下你們為孤兒，我必到你們這裏來。還有不多的時候，世人不再看見我，你們卻看見我；因為我活著，你們也要活著。到那日，你們就知道我在父裏面，你們在我裏面，我也在你們裏面。」

約翰福音十四章15至20節

Tui amoris ignem / Holy Spirit, come to us

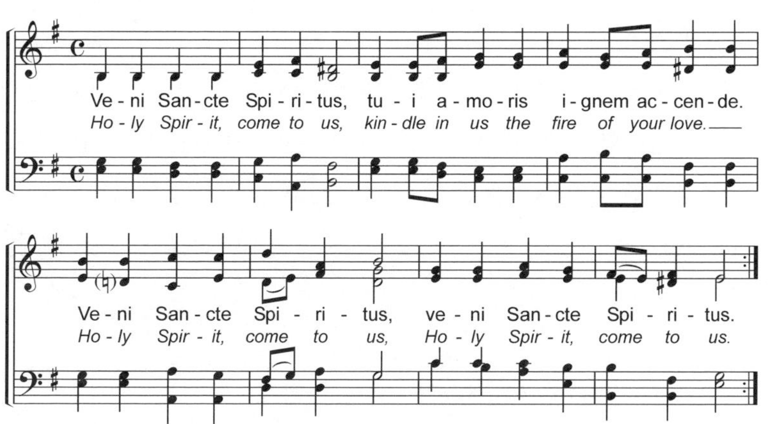


聖靈啊，求祢臨到我們，在我們裏面燃起祢的愛。聖靈，求祢臨到我們。聖靈，求祢臨到我們。

耶穌了解人心。祂知道祂死在十字架上對祂的門徒來說會是一個恥辱。所以，耶穌在捨命前，求父賜給他們「另一位保惠師」，換句話說，也就是一個助手、支持。這個詞最初的意思來自法庭，是指站在被指控犯了罪的人身旁的法定代理人。

聖靈是怎樣的一位保護者、支持者、安慰者？要是耶穌說祂要求父賜予「**另一位**保惠師」，那是因為祂視自己為門徒最先的支持。要明白聖靈如何在我們生活中工作，我們因此首先必須去看耶穌是如何支持和安慰祂的同伴。對耶穌的門徒和那些曾遇見祂的人來說，耶穌是甚麼，就等於聖靈對我們來說是甚麼。

對於傳道的約翰來說，聖靈也是真理的靈。由於神是遠超過人類所能理解的，我們需要幫助才能看見「完整的事實」。聖靈會幫助我們首先明白關於神的事實：神愛著我們每一個人，無人例外；然後就是關於神的兒子耶穌的事實：耶穌在十字架上捨命，使我們可以接受神的愛。於是十字架看來不再是失敗或荒唐的事（參林前一18～25），而是神愛奧妙的彰顯。

真理的靈也會教導我們關於我們自己的事實。有時，那些指控我們的聲音並不是外來的，而是來自我們自己的。看到自己的弱點使我們懷疑和洩氣。聖靈來是要幫助我們明白，即使我們的心責備我們，神比我們的心大，祂洞察一切（約壹三20）。聖靈安慰我們，表明即使我們有人的弱點，我們仍然是神的兒女（參羅八16）。只有在神的愛的光照下，才能認識我們最內在的身分。

- 我可以在哪裏找到支持、安慰和鼓勵？
- 要更加明白聖靈的角色，我們必須思考耶穌的生命。哪個福音故事可以幫助我去明白神如何安慰我們？

我們的平安耶穌，今日藉著祢的聖靈，祢一直與我們同在，就如當日祢與門徒在一起那樣。祢在福音書中保證：我必不撇下你，我會賜你聖靈安慰和扶持你，我永遠與你同在。

# 神愛的美麗

耶穌在伯大尼長大痲瘋的西門家裏坐席的時候，有一個女人拿著一玉瓶至貴的真哪噠香膏來，打破玉瓶，把膏澆在耶穌的頭上。有幾個人心中很不喜悅，說：「何用這樣枉費香膏呢？這香膏可以賣三十多兩銀子賙濟窮人。」他們就向那女人生氣。耶穌說：「由她吧！為甚麼難為她呢？她在我身上做的是一件美好的事。因為常有窮人和你們同在，要向他們行善隨時都可以；只是你們不常有我。她所做的，是盡她所能的；她是為我安葬的事把香膏預先澆在我身上。我實在告訴你們，普天之下，無論在甚麼地方傳這福音，也要述說這女人所做的，以為記念。」

馬可福音十四章3至9節

Adoramus te Christe / We adore you, Jesus Christ

我們愛慕祢，耶穌基督，我們稱頌祢的聖名，祢的十架和受苦真正帶給我們生命和醫治。

受到朋友「長大痲瘋的西門」邀請，耶穌在受難前不久到耶路撒冷對面的村莊伯大尼。吃飯的時候，有一個女人拿了珍貴的香膏來，傾倒在耶穌頭上。這樣的浪費打擾了在座賓客，因為那香膏值三十多兩銀子，是一個工人一年的可觀收入，這筆錢可以用來救濟很多窮人。

耶穌卻不認同批評這女人的人。祂對窮人的關心是無人能夠質疑的：耶穌告訴那些希望跟隨祂的人：「你們要變賣掉所有的賙濟人」（路十二33）。同樣，這裏耶穌說救濟窮人總是必要的。但祂想人們明白，如果效益成為了惟一的衡量標準，即使是最認真的道德承諾也會陷入失去其意義的危機。耶穌同意這女人事前忘了去計算，她是單單被愛所驅使去做這件事。她所做的確實已經超越了合理的範圍，不過她把香膏傾倒在耶穌上仍然是對的。這女人是第一個榮耀耶穌被釘十架的身體的人，她因為愛殷勤地接待基督。

耶穌欣賞這女人的行為。祂說在這女人的記憶裏，她所做的要傳遍世界！她做了「一件美好的事」，這也可以解作「一件美麗的事」。這人類強烈舉動的美，反映神愛的美麗。神沒有計算過，就無條件地把祂的愛傾注給我們，就好像傾倒這香膏那樣。基督在受難前夕，透過這「浪費了的」香膏可認清自己。祂沒有嘗試救自己的命，祂把命捨了。「基督愛我們，為我們捨了自己。」（弗五2）

- 我會像西門家的賓客那樣看這女人的行為，還是會像耶穌那樣？
- 甚麼幫助我們不單認清神和基督的美好，也認清神和基督的美麗呢？

- 甚麼引導我們向神和我們周圍的貧窮人開放我們的心？

基督，如果祢問我們：「你愛我嗎？」正如祢在福音書裏所做的，我們會結結巴巴地說：「祢知道我愛祢，基督，也許不如我所想的那樣愛祢，但我真的愛祢。」

# 永遠更大的愛

耶和華說：「我豈為近處的神呢？不也為遠處的神嗎？」耶和華說：「人豈能在隱密處藏身，使我看不見他呢？」耶和華說：「我豈不充滿天地嗎？」

耶利米書二十三章23至24節

## Confitemini Domino

(Give thanks to the Lord for he is good.)

為主的善而感恩。

「近處的神」這句話歸納了以色列人所經歷的神的慈悲。神看顧祂的子民，「環繞他，看顧他，保護他，如同保護眼中的瞳人」（申三十二10）。但神的子民也經歷過「遠處的神」，耶利米就此投訴：「你為何在這地像寄居的……？」（耶十四8）就好像神不再介入人類的事情那樣，人們再也無法感受到神的存在。神任由耶路撒冷和其中的聖殿淪陷毀壞。「我白日呼求，你不應允」（詩二十二2），即使是相信神的人，也得好像沒有神那樣生活。

當時，有些先知為了支持著民族士氣而繼續以神的名去作應許。但實際上這些應許都是先知虛構出來的。他們覺得自己有義務去填補那沒有確實經歷神的空白。耶利米也忍受神的沉默，但他不想假裝。他願意帶著自己的疑問去生活。有一天他終於得到了答案：神不單是「近處的神」，還是「遠處的神」。在豐盛的時候，神在那裏；在匱乏、渴求的時候，神也在那裏。不必去填補因為感到神似乎遠離而導致的空白，因為神無時無刻都「充滿天地」。

「遠處的神」的經歷，使耶利米更深入了解神的愛：「從遠方耶和華向以色列顯現，說：我以永遠的愛愛你」（耶三十一3）。如果神似乎在掩面，那是為了讓我們發現一種完全超乎我們想像的愛。如果神「像鹿一樣逃走」（聖十字約翰〔Saint John of the Cross〕），以及似乎遠離，那是為了幫助我們，讓我們在傳福音的路上繼續堅持走更遠。

- 當神似乎遠離，甚至是不在時，我如何反應？
- 我人生中的哪些經歷，是對應「近處的神」和「遠處的神」

這兩句的？

- 甚麼幫助我們更加愛神？

所有愛中的愛，耶穌，祢一直住在我裏面，我卻忘記了。祢在我的內心深處，我卻在別處尋找祢。當我使自己遠離祢，祢卻一直在等我。現在我勇於承認：「基督，祢是我的生命。」

# 內在的光

太初有道，道與神同在，道就是神。這道太初與神同在。萬物是藉著他造的；凡被造的，沒有一樣不是藉著他造的。生命在他裏頭，這生命就是人的光。光照在黑暗裏，黑暗卻不接受光。有一個人，是從神那裏差來的，名叫約翰。這人來，為要作見證，就是為光作見證，叫眾人因他可以信。他不是那光，乃是要為光作見證。那光是真光，照亮一切生在世上的人。他在世界，世界也是藉著他造的，世界卻不認識他。他到自己的地方來，自己的人倒不接待他。凡接待他的，就是信他名的人，他就賜他們權柄作神的兒女。

約翰福音一章1至12節

## Jésus le Christ / Lord Jesus Christ

主耶穌基督，祢的光在我們裏面照耀。不要讓我的懷疑或黑暗跟我說話。主耶穌基督，祢的光在我們裏面照耀。讓我的心常常迎向祢的愛，主耶穌。

為了介紹這部福音書，約翰一開首就讓我們面對基督的奧祕，寫出基督在復活後就會完全地顯現。耶穌表明自己是世界的光。光一方面能量非常強大（我們可以想到那些經過上億年才讓我們看得見的光線），但光同時又不可思議地脆弱，因為我們只需把手放在眼睛上，便可以阻擋光。光與暗可以輕易共存。光不可以強行進入黑暗，但只需要一個極小的小孔，光便可以滲進一個房間內。

光賦予生命。光不但提供溫暖，使我們能找到方向，也安置我們於神的創造中間，容讓我們找出神是誰。迎接光意味著進入神的愛和真理的現實，而復活展示出神的愛和真理比仇恨和拒絕強。迎接光也意味著我們的觀點改變，我們不再想要作自己的光，不再想要憑自己力量不計代價地去改變阻力和偏見，讓光進來賦予新生命給似乎已經根深柢固的事物。

我們不應害怕這看似要求高的呼召——為光作見證，像施洗約翰一樣；作世界的光，如耶穌對我們的邀請（參太五14）。這不是靠我們的能力可以做到的；我們只需要讓神愛的反射透過我們照耀，並且在那些未察覺到神愛的人中間照射開去。

- 哪卷福音書幫助我明白基督是光？
- 當我懼怕黑暗，甚麼使我能夠知道基督的光接近我？

每一個人的神，祢從來不勉強人接受祢，祢永遠不強迫我們的心，但祢把和平的光放在我們每個人的心裏。

# 「你若知道神的恩賜」

於是到了撒馬利亞的一座城，名叫敘加，靠近雅各給他兒子約瑟的那塊地。在那裏有雅各井；耶穌因走路困乏，就坐在井旁。那時約有午正。有一個撒馬利亞的婦人來打水。耶穌對她說：「請你給我水喝。」（那時門徒進城買食物去了。）撒馬利亞的婦人對他說：「你既是猶太人，怎麼向我一個撒馬利亞婦人要水喝呢？」原來猶太人和撒馬利亞人沒有來往。耶穌回答說：「你若知道神的恩賜，和對你說『給我水喝』的是誰，你必早求他，他也必早給了你活水。」婦人說：「先生，沒有打水的器具，井又深，你從哪裏得活水呢？我們的祖宗雅各將這井留給我們，他自己和兒子並牲畜也都喝這井裏的水，難道你比他還大嗎？」耶穌回答說：「凡喝這水的還要再渴；人若喝我所賜的水就永遠不渴。我所賜的水要在他裏頭成為泉源，直湧到永生。」婦人說：「先生，請把這水賜給我，叫我不渴，也不用來這麼遠打水。」

約翰福音四章5至15節

## Une soif / Within me my soul is thirsting

在我裏面，我的靈渴望，完全降服於祢，基督。哦，我的心一直渴慕，直至在祢裏面找到安歇之處。

在井旁一次簡單的見面，耶穌完全透露了祂的使命和身分。根據周圍的社會準則，那個來打水的女人並不適宜與耶穌在一起。首先她是撒馬利亞人，幾個世紀以來撒馬利亞人與猶太人世代為敵。其次，她是女人，以她的身分，她不能跟拉比甚至陌生男人談話（參四27）。再加上她很可能是有壞名聲的人，是個「罪人」：她在正午——一個她相當肯定不會在路上遇見任何人的時間外出。

沒有一點猶豫，耶穌與這個被輕視的人建立關係。耶穌透過說出想喝水這簡單的人性渴望，表現出對這女人的尊重，耶穌以平等方式甚至是尊重的態度去對待她，因為她擁有耶穌需要的東西。這女人的尊嚴因而完全恢復過來，相交的基礎得以在習俗以外建立。

不過，這相交並非植根於人類同情的行為。雖然耶穌先求助於這女人的善意和她的慷慨，但這只是幫助她的第一步，為使她明白到去接受才是最重要的。祂透露有一位神，是在眾生之上的給予者、生命泉源，只有祂自己才能夠使這泉源湧出。遇見耶穌和耶穌的請求使這女人找到自己的渴望，並且打開她裏面只有神才能填滿的空白。

- 我們怎樣可以透過簡單的表示建立相交，克服社會的藩籬，完全尊重別人的尊嚴？
- 甚麼幫助我開放自己接受神的恩賜，幫助我記得神只是向我要求一點東西，卻賜給我更多？

復活的耶穌，祢有時會看到我們不知所措，仿似世上的訪客那樣。但我們的靈魂深深渴望祢的同在。基督，當我們的心遠離祢，就不能安穩下來，直至到我們得以安頓在祢裏面。

# 進入相交的生命

逾越節以前，耶穌知道自己離世歸父的時候到了。他既然愛世間屬自己的人，就愛他們到底。吃晚飯的時候，魔鬼已將賣耶穌的意思放在西門的兒子加略人猶大心裏。耶穌知道父已將萬有交在他手裏，且知道自己是從神出來的，又要歸到神那裏去，就離席站起來，脱了衣服，拿一條手巾束腰，隨後把水倒在盆裏，就洗門徒的腳，並用自己所束的手巾擦乾。挨到西門．彼得，彼得對他説：「主啊，你洗我的腳嗎？」耶穌回答説：「我所做的，你如今不知道，後來必明白。」彼得説：「你永不可洗我的腳！」耶穌説：「我若不洗你，你就與我無分了。」西門．彼得説：「主啊，不但我的腳，連手和頭也要洗。」耶穌説：「凡洗過澡的人，只要把腳一洗，全身就乾淨了。你們是乾淨的，然而不都是乾淨的。」耶穌原知道要賣他的是誰，所以説：「你們不都是乾淨的。」耶穌洗完了他們的腳，就穿上衣服，又坐下，對他們説：「我向你們所做的，你們明白嗎？你們稱呼我夫子，稱呼我主，你們説的不錯，我本來是。我是你們的主，你們的夫子，尚且洗你們的腳，你們也當彼此洗腳。我給你們作了榜樣，叫你們照著我向你們所做的去做。我實實在在地告訴你們，僕人不能大於主人，差人也不能大於差他的人。你們既知道這事，若是去行就有福了。

約翰福音十三章1至17節

## Ubi caritas

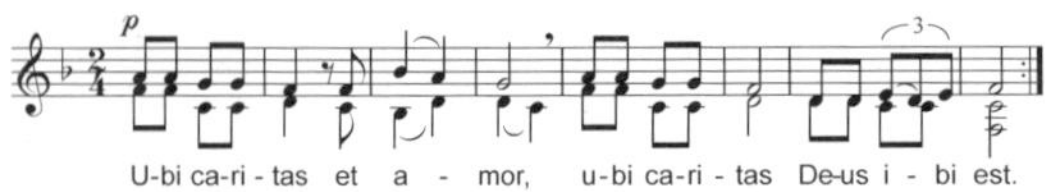


(Where there is charity and love, God is to be found.)

哪裏有寬容與愛，那裏就找到神。

在耶穌和門徒的最後晚餐裏，約翰的福音書著重描述洗腳的情節。當時，傳統上賓客入屋後都會以水洗他們的腳。有時，拿水和毛巾給賓客的奴隸會替賓客洗腳。在特別的場合，主人家的其中一員可以親自動手替特別的賓客洗腳，以示敬意。

耶穌替門徒洗腳時，顛覆了傳統習俗的常規。祂做了僕人的工作，表示對門徒的尊重。奇怪的是，耶穌在「吃晚餐的時候」，門徒都已經躺在卧椅上的時候替門徒洗腳，而不是在他們進入屋子的時候。那是補做一些忘了做的事嗎？無論如何，這樣做令這行動有更大的象徵性影響。這是有寓意的行動，其意義是要被「明白」的（7、12節）。

洗腳通常象徵著由室外返回家中的過渡。基督的行動也象徵著一個過渡，就是門徒進入一種與耶穌及他們彼此之間的新關係。耶穌面對彼得的拒絕是多麼的堅持：「我若不洗你，你就與我無分了。」（8節）因為這是與祂相交的危急關頭。這個與基督的關係牽涉雙重的轉變。主人耶穌成為了僕人，而門徒則變成了朋友（參十五13～15）。

為了與基督一起愛，「照著我向你們所做的去做」（15節），我們需要讓祂的愛改變我們。耶穌愛我愛到服事我和擔當我的工作，而我就要讓祂處理我一切的憂慮。還有，就像朋友之間那樣，我們會分享所有共有的東西。祂擔當我的罪，如同是祂自己的。而祂對愛的珍視也會成為我對愛的珍視，於是我可以從這裏支取力量，以一直愛到永遠。

- 為甚麼耶穌要洗彼得的腳時，彼得這麼抗拒？
- 接受基督的愛對我來說有甚麼意義？

- 我們身為基督徒，彼此之間的關係有甚麼需要改變？我們可以怎樣跟隨基督的榜樣？

我們的指望耶穌，當祢對我們説「我，基督，愛你」時，求祢使我們能夠聽見祢的聲音，那是我們心中平安的泉源。

# II 前往寬恕的泉源

## 「我不定你的罪」

文士和法利賽人帶著一個行淫時被拿的婦人來，叫她站在當中，就對耶穌說：「夫子，這婦人是正行淫之時被拿的。摩西在律法上吩咐我們把這樣的婦人用石頭打死。你說該把她怎麼樣呢？」他們說這話，乃試探耶穌，要得著告他的把柄。耶穌卻彎著腰，用指頭在地上畫字。他們還是不住地問他，耶穌就直起腰來，對他們說：「你們中間誰是沒有罪的，誰就可以先拿石頭打她。」於是又彎著腰，用指頭在地上畫字。他們聽見這話，就從老到少，一個一個地都出去了，只剩下耶穌一人，還有那婦人仍然站在當中。耶穌就直起腰來，對她說：「婦人，那些人在哪裏呢？沒有人定你的罪嗎？」她說：「主啊，沒有。」耶穌說：「我也不定你的罪。去吧，從此不要再犯罪了！」

約翰福音八章3至11節

Bóg jest miłością / God is forgiveness

神是寬恕，只要敢於寬恕，神就與你同在。神是饒恕。愛吧，不要懼怕。

耶穌在馬可福音裏說的第一句話是：「日期滿了，神的國近了。你們當悔改，信福音！」（可一15）這段經文的一個關鍵詞是希臘文*metanoia*，通常譯為「悔改」或「已改變」。*Metanoia*首先表示「心態的改變」的意思。這種心態的改變正是打開我們的內心，迎接神的國，以及神在我們生命中同在所需要的。

這個女人行淫時被拿的故事，正是一個心態和內心改變的好例子。它展示出我們的視野可以怎樣改變，以致我們可以從福音的角度，用與神相同的方式去看我們的生命。在這個故事裏，我們看到耶穌對於難以理解的人性弱點的反應跟那羣人不同。那羣人和法利賽人看到的，是這女人生命中的單一事件。耶穌卻看到更多，因為祂認識每一個遇見祂的人的心。耶穌看到的是整個人的真相。祂了解到在剛發生的事以外，這女人裏面還有更多的。耶穌相信人類是可以改變的。耶穌沒有跟其他人一起譴責她，反而開闢了一條新路徑：「我來本不是要審判世界，乃是要拯救世界」（約十二47）。這女人按原來的樣子被接納，就可以帶著自己的恩賜和局限離開，對自己的生命負責並且愛其他人，如同她曾看到的愛那樣。這個曾被死亡包圍的女人已經重新得到生命。

現今很少人會跟故事裏的女人遭遇一樣的對待，不過依然有其他聲音——一種完全內在的黑暗向我們提出指控：「你是有罪的。」那麼，轉向福音（*metanoia*）的意義又會是甚麼？

- 讀完這個故事，有甚麼使你驚訝？
- 你怎樣明白基督看其他人的方式？

憐憫的耶穌，祢邀請我們與祢相交。我們的心歡欣，因為我們明白到，無人會被排除在祢的寬恕和愛以外。

# 為神的寬恕而歡欣

耶穌又說：「一個人有兩個兒子。小兒子對父親說：『父親，請你把我應得的家業分給我。』他父親就把產業分給他們。過了不多幾日，小兒子就把他一切所有的都收拾起來，往遠方去了。在那裏任意放蕩，浪費資財。既耗盡了一切所有的，又遇著那地方大遭饑荒，就窮苦起來。於是去投靠那地方的一個人；那人打發他到田裏去放豬。他恨不得拿豬所吃的豆莢充飢，也沒有人給他。他醒悟過來，就說：『我父親有多少的雇工，口糧有餘，我倒在這裏餓死嗎？我要起來，到我父親那裏去，向他說：父親！我得罪了天，又得罪了你；從今以後，我不配稱為你的兒子，把我當作一個雇工吧！』於是起來，往他父親那裏去。相離還遠，他父親看見，就動了慈心，跑去抱著他的頸項，連連與他親嘴。兒子說：『父親！我得罪了天，又得罪了你；從今以後，我不配稱為你的兒子。』父親卻吩咐僕人說：『把那上好的袍子快拿出來給他穿；把戒指戴在他指頭上；把鞋穿在他腳上；把那肥牛犢牽來宰了，我們可以吃喝快樂；因為我這個兒子是死而復活，失而又得的。』他們就快樂起來。

路加福音十五章11至32節

Misericordias Domini

我會永遠頌唱神的慈愛。

奧古斯丁對迎接兒子的父親的比喻作了以下評註，將之聯繫到耶穌在馬太福音十一章28至30節所說的話：

> 浪子還在思量自己要對父親說甚麼，〔……〕父親就跑了過去迎接他。在跑過去之前，父親就先憐憫浪子，使浪子安心下來，這有甚麼意義？「相離還遠，他父親看見，就動了慈心。」為甚麼父親會動了慈心？因為他的兒子是可憐的。「跑去抱著他的頸項」，其實就是用手臂圍繞他的頸項。
>
> 父的手臂就是子；祂賜下兒子基督去背負擔子；耶穌背負的擔子不沉重，反而能使人得釋放。「我的軛是容易的，我的擔子是輕省的。」（太十一30）父親把自己的重量加諸站了起來的兒子身上，藉此不再讓兒子跌倒。基督的軛是輕省的，輕省到不但不是負擔，還使人得釋放。這裏說的輕省，跟我們說某些擔子雖然有重量，但不像其他擔子那麼重，因而稱之為輕省的概念是不同的：〔……〕基督的擔子與別的不同；你得負起基督的擔子以求輕省；如果你放下基督的擔子，你的負擔會更沉重。〔……〕所以，父親抱著兒子的頸，並不是加重兒子的負荷，而是使兒子得榮耀，父親不是沉重的負擔。因為若非祂背負的神背負起祂，誰人能夠背負起神呢？

- 我們怎樣可以不再繼續陷入自責中，轉而定睛於跑過來迎接我們的天父？

- 在我的人生中，我何時經歷過抱著我頸項的基督？

憐憫的神，祢從來沒有停止尋找那些遠離祢的人。祢以寬恕召喚我們唱出：一種充滿我靈魂的渴望，一種在祢裏面交出一切的渴望。

# 為神的寬恕而歡欣（續）

「那時，大兒子正在田裏。他回來，離家不遠，聽見作樂跳舞的聲音，便叫過一個僕人來，問是甚麼事。僕人說：『你兄弟來了；你父親因為得他無災無病地回來，把肥牛犢宰了。』大兒子卻生氣，不肯進去；他父親就出來勸他。他對父親說：『我服事你這多年，從來沒有違背過你的命，你並沒有給我一隻山羊羔，叫我和朋友一同快樂。但你這個兒子和娼妓吞盡了你的產業，他一來了，你倒為他宰了肥牛犢。』父親對他說：『兒啊！你常和我同在，我一切所有的都是你的；只是你這個兄弟是死而復活、失而又得的，所以我們理當歡喜快樂。』」

路加福音十五章11至32節

Dona nobis pacem

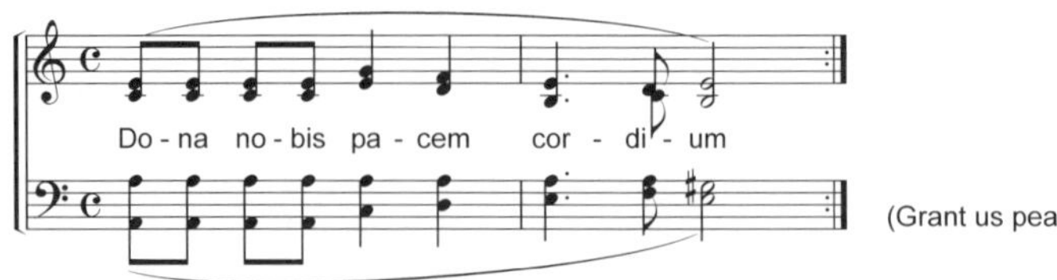


(Grant us peace of heart.)

求賜我們內心的平安。

如果「父親的比喻」的核心是父親對歸家的兒子的歡迎（參20～24節），那麼比喻的高潮就是父親對大兒子的回答。

父親沒有生大兒子的氣，也沒有跟他爭論，反而對他說了一番感人的話。「兒啊」，這稱呼比「我的兒子」更有感染力。父親對於兒子不滿的指摘沒有任何批評和指控，也沒有為自己辯護，更沒有浪費時間去評估他自己或他大兒子的行為。相反，他強調他和大兒子之間獨特、親密的關係：「你常和我同在。」他們的關係沒有改變過。大兒子說話的出發點是「我」（29節），父親卻強調著「你」。

父親沒有想贏誰。他只是相信大兒子看到父親對弟弟的愛，就會明白父親同樣那麼愛自己，繼而同樣地去愛。父親一直保持耐心良善，但同時一步也不讓。他的「規範」、「法則」是不變的。他說他們**理當**歡喜快樂。大兒子說「你這個兒子」（30節）是只做壞事的，但父親回答：「不是，他是你的弟弟。你可以跟他重新建立原有的關係。」大兒子說：「可是他跟淫婦住在一起！」父親回答：「他是死而復活的。」他又再重覆他的歌：「他是失而復得的」（參24節），就像是副歌；他在心裏再三地唱。父親充滿了歡樂和喜悅之情。沒有東西可以奪去父親的快樂，包括大兒子的壞心情。

- 父親歡欣、愛和分享的方式，有何獨特之處？
- 為甚麼這個比喻沒有提及大兒子怎樣回應父親的話？
- 我怎樣可以面對傷害過我的人？

奧祕地存在的聖靈，祢以不絕的仁慈沐浴我們，使我們生命生出謙卑……使我們的心得以輕省。

# 要擺脱悲傷

耶穌出去，看見一個稅吏，名叫利未，坐在稅關上，就對他說：「你跟從我來。」他就撇下所有的，起來，跟從了耶穌。利未在自己家裏為耶穌大擺筵席，有許多稅吏和別人與他們一同坐席。法利賽人和文士就向耶穌的門徒發怨言說：「你們為甚麼和稅吏並罪人一同吃喝呢？」耶穌對他們說：「無病的人用不著醫生；有病的人才用得著。我來本不是召義人悔改，乃是召罪人悔改。」

路加福音五章27至32節

Magnificat (canon) / Sing out my soul

我的靈讚頌，我的靈讚頌，讚頌榮耀釋放我們的主。我的靈讚頌，我的靈讚頌，讚頌榮耀主神！

或真心或假意投誠了統治者的稅吏利未，肯定是不被同胞接納的。他甚至自知欺詐得來的財富不能抵償他失去真正的朋友，因而相當討厭自己。利未不受他人歡迎，耶穌卻看得更深入。在眼見的事實背後，利未是慷慨的，他尋求真理，他有善良的心，他是作大事的人。所以耶穌對他說：「我相信你，你跟我來。你可以成為我的朋友，我的見證人。」利未沒有問自己是否已經預備好，他毫不猶豫地立即站起，而且非常高興，高興得立刻設宴與人分享，他宴請了很多想來是遠離神的人。他經歷了「一種身心的重大轉變」。

這就是「回轉」、「悔改」的意思：發現耶穌相信我，把孤獨和苦悶愁煩拋開，站起來，並相信我可以帶給別人快樂。耶穌把回轉與得醫治聯繫在一起。雖然病重時我們不能治癒自己，但沒有人是被勉強治好的。悔改也是同樣道理：跟讓神寬恕我們一樣（參徒五31），擺脫悲傷是取決於我們自己的。

- 在與耶穌的相遇裏，利未發現了甚麼，令他趕快起來且設宴慶祝？
- 我從哪裏領受神的愛？從禱告中，從福音書的記載，從聖餐裏？從別人讓我眼見的信心？還是從我對別人的關心裏領受到？
- 我怎樣與周圍的人分享快樂？

我們的希望耶穌，當我們明白祢的愛高過一切寬恕，我們裏面的棱角給磨平甚至改變過來。我們問：「祢想要我們做些甚麼？」透過聖靈祢回答：「不要讓任何事使你憂愁，勇於獻出你的生命吧。」

# 人人有份

「因為天國好像家主清早去雇人進他的葡萄園做工，〔……〕到了晚上，園主對管事的說：『叫工人都來，給他們工錢，從後來的起，到先來的為止。』約在酉初雇的人來了，各人得了一錢銀子。及至那先雇的來了，他們以為必要多得；誰知也是各得一錢。他們得了，就埋怨家主說：『我們整天勞苦受熱，那後來的只做了一小時，你竟叫他們和我們一樣嗎？』家主回答其中的一人說：『朋友，我不虧負你，你與我講定的不是一錢銀子嗎？拿你的走吧！我給那後來的和給你一樣，這是我願意的。我的東西難道不可隨我的意思用嗎？因為我作好人，你就紅了眼嗎？』」

馬太福音二十章1、8至15節

Dona la pace / Dyro dangnefedd

(Give peace, Lord, to those who trust in you.)

主，求祢將平安賜予信靠祢的人。

公元四世紀末，約翰，人稱「金口」的屈梭多模（Chrysostom），在成為神父以前，曾過了幾年隱士的生活，及後成為君士坦丁堡主教。在一個復活節的默想裏，他請大家喜樂，並講述這個福音比喻：

> 讓那些活出信仰和愛主的人來體驗這節日的奇妙！讓忠心的僕人高高興興地進來享受主人的快樂，讓忍耐禁食的人來領取他們的工價。
>
> 大清早就開始工作的人會收到當日一天的酬勞。已初來工作的人會歡喜和感恩。正午才來到的人也可以上前來而不怕工資被扣。即使人們徘徊至申初，也可以毫不猶豫地前來。就算酉初才來工作，也不會因為遲來而受罰。
>
> 主是慷慨的：祂接納最先來的人，也同樣地接納最後才來的人；祂讓傍晚來的工人休息，跟清早開始工作的工人一樣。祂憐憫遲來的人，也滿足先來的人；祂給予先來的人，也沒有忘記後來的人；祂不光看人的工作，還明瞭人工作的目的。
>
> 沒有人需要為貧窮而悲傷，因為天國是開放給所有人的。沒有人需要為罪過而哭泣，因為從死亡生出了寬恕。沒有人需要懼怕死亡，因為主耶穌的死我們得到自由；祂已勝過了死亡的捆綁。

- 我們怎樣才能進入這歡欣，以及明白到我們生命裏的一切都在復活的歡欣裏？

- 我在甚麼情況下要記起這寬恕和釋放？

憐憫的耶穌，祢的福音使我們發覺，衡量自己是甚麼或不是甚麼都是徒勞的。重要的是我們要謙卑信靠祢，這樣我們才會明白到「神所能做的只有付出愛」。

# 沒有事物能叫我們與神的愛隔絕

耶和華說：「日子將到，我要與以色列家和猶大家另立新約，不像我拉著他們祖宗的手，領他們出埃及地的時候，與他們所立的約。我雖作他們的丈夫，他們卻背了我的約。這是耶和華說的。」耶和華說：「那些日子以後，我與以色列家所立的約乃是這樣：我要將我的律法放在他們裏面，寫在他們心上。我要作他們的神，他們要作我的子民。他們各人不再教導自己的鄰舍和自己的弟兄說：『你該認識耶和華』，因為他們從最小的到至大的都必認識我。我要赦免他們的罪孽，不再記念他們的罪惡。這是耶和華說的。」

耶利米書三十一章31至34節

Nothing can ever

沒有事物能叫我們與神的愛隔絕，神的愛在耶穌基督裏向我們顯明。哦——

在整本聖經裏，神向人揭示祂是與人訂立「盟約」，保護祂的子民，並挑選他們作祂愛和信實的見證的。在這裏，遵守神的「律法」並不是責任。這「律法」是神所賜的禮物，以提醒人們與神所訂立的盟約，並告訴人們哪些是不可逾越的界限，使人們得以完全依從這盟約而行。

從先知耶利米的預言，我們感受到神宣告立新約的極大喜悅，然而那多少是因為任何事物都不能再毀掉新約。這盟約的簽訂不再是表面的，而是緊密地存在於內心深處。我們怎能不由此想到保羅充滿信心的說話：「我深信〔……〕都不能叫我們與神的愛隔絕；這愛是在我們的主基督耶穌裏的」（羅八38～39）？

逾越節後五十天，猶太人正在慶祝神在西奈山上賜下律法時，使徒接受聖靈「將神的愛澆灌在我們心裏」的恩賜（羅五5），這是耶穌所應許的：「聖靈……要引導你們明白一切的真理」（約十六13）。這應驗了耶利米的預言：「他們從最小的到至大的都必認識我。我要赦免他們的罪孽」（耶三十一34）。那賜給我們的聖靈，是不是日復日地提醒我們：我們的罪是可得赦免的？

- 當我記得神給予我盟約的關係，我有甚麼改變？
- 神的哪些話語「寫在我心上」，嵌進我的內心深處？

憐憫的神，我們明白到沒有事物能叫我們與祢隔絕，信靠祢使我們向上通往充滿平安的喜樂。

# 基於寬恕所立的約

我必用清水灑在你們身上，你們就潔淨了。我要潔淨你們，使你們脱離一切的污穢，棄掉一切的偶像。我也要賜給你們一個新心，將新靈放在你們裏面。又從你們的肉體中除掉石心，賜給你們肉心。我必將我的靈放在你們裏面，使你們順從我的律例，謹守遵行我的典章。你們必住在我所賜給你們列祖之地。你們要作我的子民，我要作你們的神。

以西結書三十六章25至28節

## Ostende nobis (canon)

(Show us, Lord, your mercy; come soon.)

主，讓我們看見祢的慈愛將臨到。

在巴比倫流亡的時候，失去所有盼望的人民「面無羞恥，心裏剛硬」（結二4）；縱然他們冷淡無情，以西結獲呼召跟他們傳講祂的話。神沒有要求以色列人先改過以配得上祂，反而主動向以色列人承諾。神會藉寬恕潔淨祂的子民，除掉他們的「石心」，祂會使過去的不幸和錯誤不再殘留，以肯定祂的子民裏和他們心裏不會對抗祂的同在；祂的子民的心都成了「肉心」。

神把祂的「靈」賜給他們，祂住在信徒的心內。生命氣息——神的靈將從內裏更新他們，賦予他們新的生命，成為他們行事為人的原則。這樣，每個人都能夠忠心地遵守神的律法、遵從神的旨意。因此，在這個與神的親密相交中，人的思想和行為盡都完全合乎神的旨意。這就是神給予祂每個子民、信徒的新盟約。

這新盟約是基於寬恕。神的寬恕是完全、不變的。過去的盡都抹掉了，神不想再記念我們的罪惡（參耶三十一34下），所以我們不需再為罪過痛苦。這樣我們可以卸下過去的重擔。從內疚、自責中得釋放，不再著眼於自己身上，不再停滯不前，於是我們就可以相交。神每時每刻的寬恕帶給我們新生，無論我們的過犯有多大，我們總可以重新開始。那種傷害他人和自己的嚴厲可轉化成為生命的源頭。

使徒在五旬節時經歷了這重大的更新後，就明白到這應許是給予所有人的，而藉著聖靈多得滿溢的恩典，復活的主使人可以與祂相交。

- 我在甚麼時候察覺到在我裏面的「石心」？「神從我們的肉

體中除掉石心，賜給我們肉心」是甚麼意思？

- 我可以怎樣或在甚麼時候讓賜生命的聖靈在我裏面工作？

永生的神，求祢叫我們接受祢的憐憫，讓我們明白祢愛的意願不是刻在石碑上的法則。它由仁愛而生，刻在我們的心板上。

# 因得寬恕而改變

五旬節到了，門徒都聚集在一處。忽然，從天上有響聲下來，好像一陣大風吹過，充滿了他們所坐的屋子，又有舌頭如火焰顯現出來，分開落在他們各人頭上。他們就都被聖靈充滿，按著聖靈所賜的口才說起別國的話來。〔……〕

「這耶穌，神已經叫他復活了，我們都為這事作見證。他既被神的右手高舉，又從父受了所應許的聖靈，就把你們所看見所聽見的，澆灌下來。大衛並沒有升到天上，但自己說：主對我主說：你坐在我的右邊，等我使你仇敵作你的腳凳。故此，以色列全家當確實地知道，你們釘在十字架上的這位耶穌，神已經立他為主，為基督了。」

使徒行傳二章1至4節、32至36節

Esprit consolateur

安慰的靈，萬愛之愛。

「彼得和十一個使徒站起，高聲說」（二14）。耶穌被釘十字架後，耶路撒冷的居民都必定會以為耶穌的門徒會因為耶穌死去的打擊而分散，充滿仇恨或絕望的暴戾。令人們驚訝的是，這些門徒竟然自行離開藏身的地方，開心見誠地與人們見面。這些門徒說話一致、充滿信心，他們熱切與人分享甚麼使他們生命改變：他們遇見復活了的耶穌基督，得到了祂的平安和寬恕。

自從認出復活的主，使徒對將來都沒有疑慮了，也沒有悲傷了。復活的基督探望過他們，使他們被聖靈充滿。聖靈是耶穌所應許的保護者——寬恕、平安、喜樂、力量和勇氣的聖靈。門徒說方言的恩賜是除去一切障礙、相交的種子。

使徒沒有把他們所領受到的據為己有。彼得代表使徒說：「這應許是給你們和你們的兒女，並一切在遠方的人」（二39）。天國建基於復活的基督，是在教會的相交中可見到和找到的。復活的主建基於祂的寬恕，建立教會。教會是基督在世上的彰顯。

- 我可以怎樣為這兩道「五旬節打開的門」作見證：向外對人述說基督，並請更多人進到我的社羣呢？
- 我最近遇上甚麼人、事，使我體會到寬恕的力量及寬恕賦予的自由？

聖靈，祢使我們可以跨過內心的陰霾。因著祢的寬恕，「祢使我們的過犯如朝霧消散」。於是我們享有基督信仰的自由，這背後就是愛的奇妙。

## 「赦免他們；因為他們所做的，他們不曉得」

到了一個地方，名叫「髑髏地」，就在那裏把耶穌釘在十字架上，又釘了兩個犯人：一個在左邊，一個在右邊。當下耶穌說：「父啊！赦免他們；因為他們所做的，他們不曉得。」兵丁就拈鬮分他的衣服。

路加福音二十三章33至34節

Bleibet hier / Stay with me

與我同在，一直在我身旁，看顧並祈求，看顧並祈求。

由跟悔改的人一樣受施洗約翰的洗開始，耶穌開始與罪人及那些明白自己在神面前是貧乏的人在一起。祂用整個生命向這些人顯明福音。門徒遺棄祂，不承認祂；人們不接受祂；當權者判祂有罪，之後耶穌就被釘十字架：只有奴隸和罪犯才會這樣死去。

然而耶穌卻看輕這些恥辱和傷害。祂的主要任務是要修補與每一個人的關係。因為耶穌的寬恕，人有機會與神復和。在平安及耶穌復活裏，這不再是遙不可及的事。

當我們經歷無法理解的試探，當我們感到被我們所信賴的人遺棄，我們會驚覺強烈的憤怒在我們心裏膨脹。有時我們感到自己需要一些空間去讓時間過去，我們因此明白寬恕並不是人類的自然反應。不過在這些重要關頭，我們也會發現，要活出寬恕的生命，我們首先要讓復活的基督在我們裏面施行寬恕。

所有讓耶穌在他們裏面禱告說「父啊！赦免他們」的人，不受憤怒和痛苦控制，也免於保持空間、冷漠，以為這樣可以像盔甲一樣保護他們免受難以忍受的痛苦。心一直有生氣，可以重新盼望。

- 我可以為甚麼人或情況，求基督幫助我寬恕？
- 寬恕為我打開了哪條未來之路呢？是跟誰呢？久而久之，寬恕怎樣使我們能夠與別人一起創造甚麼呢？

基督，祢來到世上，不是要定世人的罪，但因著祢這復活的基督，每個人都找到了與神相交的途徑。當愛到可以寬恕時，內心即使遭受試探，仍然可以得到更新。

# 過與神復和的生活

「我來了，是要叫羊得生命，並且得的更豐盛。我是好牧人；好牧人為羊捨命。若是雇工，不是牧人，羊也不是他自己的，他看見狼來，就撇下羊逃走；狼抓住羊，趕散了羊羣。雇工逃走，因他是雇工，並不顧念羊。我是好牧人；我認識我的羊，我的羊也認識我，正如父認識我，我也認識父一樣；並且我為羊捨命。我另外有羊，不是這圈裏的；我必須領他們來，他們也要聽我的聲音，並且要合成一羣，歸一個牧人了。」

約翰福音十章10節下至16節

In te confido / Christ of compassion

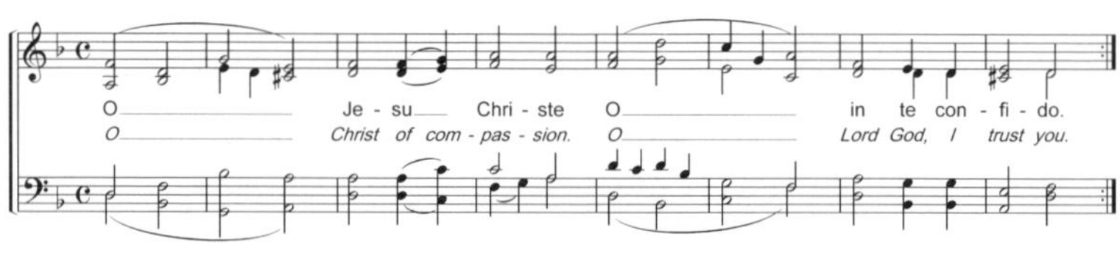


哦——憐憫的基督。主神，我信靠祢。

像牧人一樣，耶穌擔當著雙重任務：照顧每個人，以及帶領他們合成一羣。祂特別給予每個人豐盛的生命，沒有忽略任何人，即使是迷途的人也沒有忽略。祂不但不懲罰迷途的人，還竭盡所能尋找他們。使人聚集團契，祂集中教人彼此相愛。在十字架上，當祂似乎甚麼都做不了的時候，祂拒絕視那些折磨祂的人為仇敵，以繼續使人們聚集。從死裏復活後，祂是完全沒有局限的：就像牧人尋找祂的羊那樣，祂接近每一個人，不管這些人似乎離神有多遠。

牧人集合羊羣；狼為了摧毀羊羣而驅散羊羣。受羞辱和創傷之苦而不寬恕仇人，仇恨和強烈的敵意，就像狼一樣把基督所賜的相交生活撕裂。面對分裂，耶穌沒有逃避；即使人的內心裏有極強的張力，耶穌仍然留在那裏。保羅說祂「滅了冤仇」（弗二16）；耶穌不是靠武力，而是靠愛和寬恕那些虧待祂的人而做到的。

我們每個人都蒙召去效法基督，帶領人走在一起，堅拒任何分化人的事物。在我們能力範圍內，我們可以努力去防止人與人之間的關係（包括家庭成員之間的關係，以及一國、一市的基督徒之間的關係）被分化，或者努力去協助修補所有破裂了的關係，以擔當耶穌好牧人的使命。

- 我怎樣可以與那寬恕的愛的泉源保持緊密關係？
- 神把誰交託給我，以致我可以跟他一起每天過著復和了的生活？

充滿愛的神，在我們愛祢以前，祢愛我們並尋找我們。然後我們驚訝地發現，祢以無盡的溫柔、深深的慈悲看顧每一個人。

III
關於內在的醫治

# 由憂傷變為讚美

我發聲哀告耶和華，
發聲懇求耶和華。
我在他面前吐露我的苦情，
陳説我的患難。
我的靈在我裏面發昏的時候，
你知道我的道路。
在我行的路上，
敵人為我暗設網羅。
求你向我右邊觀看，
因為沒有人認識我；
我無處避難，
也沒有人眷顧我。
耶和華啊，我曾向你哀求。
我説：你是我的避難所；
在活人之地，你是我的福分。
求你側耳聽我的呼求，
因我落到極卑之地；
求你救我脱離逼迫我的人，
因為他們比我強盛。
求你領我出離被囚之地，
我好稱讚你的名。
義人必環繞我，
因為你是用厚恩待我。

詩篇一百四十二篇1至7節

在我們的黑夜裏，祢燃點起永不熄滅的火，永不熄滅的火。

詩篇一百四十二篇是無助的人的禱告，是聖法蘭西斯（Saint Francis）最喜愛的詩篇。在這詩篇裏，我們可以追溯到詩人寫作時由憂傷變為讚美、由孤獨變為與神相交的歷程。用這首詩禱告的人承認內裏的堅固圍牆已倒塌，「吐露」出他內心深處的憂傷。在神面前，靈魂毫無保留、盡情地把痛苦和困惑告訴神。詩人憂傷，部分原因是受到「逼迫他的人」惡劣的對待，但更加是因為孤獨，因為完全沒有人理解他、關心他：「沒有人認識我；……也沒有人眷顧我」(4節)。跟他關係親密的人都不在。

那憂傷之後化成禱告，詩人謙卑地求神釋放他。然後禱告將他的生命扭轉。他對神說：「在活人之地，你是我的福分。」（6節）這意味著他拒絕感到絕望，即使感到極度沮喪，仍會繼續在世上尋找快樂。在禱告中，我確信我會再次歡唱。我會因得自由而感恩。

讚美使我們離開孤獨，進入與神的相交。我感謝神的恩典，使我得以脫離孤獨，神所賜的恩典多至滿溢。當我被充滿，我就成為相交的種子，變得外向：「義人必環繞我，因為你是用厚恩待我。」（7節）被從神而來的喜樂充滿，我會願意將這喜樂與他人分享，包括那些忽視我、輕視我的人。

- 有何沮喪的事曾經使我自我封閉？
- 這詩篇如何表達對神的信心？
- 我得到神的甚麼恩賜，以致我可以與他人分享？我可與誰分享喜樂，以致我們彼此相交？

耶穌基督，祢永不會使我們沮喪至跌倒，卻使我們得以與祢相交。縱使每個人都會經歷試探，但總會有從祢而來的憐憫，使我們重新得力。

# 由黑暗走向光明

上主啊，你忘記我要到幾時？永久嗎？
你不理睬我要到幾時？
我還得忍受痛苦多久，讓悲愁日夜侵襲我？
還要多久，敵人要向我耀武揚威？
上主——我的上帝啊，求你看顧我，求你應答我；
求你恢復我的氣力，使我免於死亡。
別容許我的敵人說：我們把他們打倒了！
別讓他們因我的失敗歡樂。
然而，我倚靠你不變的愛；
我要因你的拯救喜樂。
上主啊，我要向你歌唱，
因為你施恩厚待我。

詩篇十三篇（《現代中文譯本修訂版》）

## La ténèbre / Our darkness

在祢眼中，我們的黑暗從不黑暗：最深沉的晚上跟白日一般清楚。

詩篇極美麗的其中一方面是坦白，信徒把他們裏面的一切都毫無保留地告訴神。在神面前，詩篇的作者沒有自我局限於具啟發性的思想，沒有事先分辨哪些可以說，哪些不可以說，而是完全剖白自己的痛苦和絕望。這種自由的禱告帶著黎明的種子，表明了即使在夜深的時候，作者仍然對神充滿信心，令人佩服。

這詩篇的作者認為自己正在井底陷於似乎無止境的苦難中。叫他憂傷的，不是這次的不幸，而是神似乎已經遺棄了他。由於他再也感受不到神的同在，他要獨自面對來自「我的敵人」的聲音，這使他一步一步走向絕望。那就是「忍受痛苦」（2節上）的意思：這些使人困擾的思想試圖說服我們相信，神不再愛我們，我們活該遭受惡運。

不過，詩人沒有「讓黑暗對他說話」（聖奧古斯丁〔St Augustine〕），他迅速重拾信心，向神訴說他的苦情。在黑暗深處，他仍舊記得神對他信實的愛。他選擇拒絕讓敵人得勝。於是，一個細小但足以讓神進入的空間開啟了，可以有全新的開始，而且因為重新發現可以與神相交，悲傷可以轉化為讚美的歌聲。

- 我可以在哪裏找到信心，好讓我可以在禱告裏盡情地表達我裏面的一切，在神的同在裏毫不掩飾？
- 當「敵人」試圖令我與神的愛隔絕，哪些經文可以幫助我？
- 甚麼可使我保持清醒，不因恐懼或慣性而躲藏？

萬愛之神，我們為何要等自己的心改變才去到祢的面前呢？是祢改變我們的心。在我們的創傷中，祢使我們可與祢相交，以致成長。我們因而可從心裏讚美祢。

# 是賜平安的意念，不是降災禍的意念

約伯回答耶和華説：我知道，你萬事都能做；你的旨意不能攔阻。誰用無知的言語使你的旨意隱藏呢？我所説的是我不明白的；這些事太奇妙，是我不知道的。求你聽我，我要説話；我問你，求你指示我。我從前風聞有你，現在親眼看見你。因此我厭惡自己，在塵土和爐灰中懊悔。

約伯記四十二章1至6節

De noche / By night we hasten

晚上，我們急忙，在黑暗中尋找活水，只有我們的渴慕引領我們一直前行。

約伯記直接正視那使人們困惑，也使很多人不相信愛的神的問題：為甚麼神會容許無辜的人受苦？在看來好人也會遭到不幸，似乎沒有出路的情況下，約伯盡全力堅持下去。約伯是真誠的人，他拒絕接受朋友為了安慰他而輕率提出的解釋。約伯憂傷，甚至下結論說人類無法明白一個如此令人困窘的神。生命最終似是個謎：「智慧有何處可尋？〔……〕智慧的價值無人能知，在活人之地也無處可尋。〔……〕是向一切有生命的眼目隱藏」（伯二十八12～13、21）。

然後，當所有希望一次過消失，神親自進來了。遇見神後，約伯說了這些話：「我從前風聞有你，現在親眼看見你。」常困擾約伯的問題的答案不是可用理智找到的，他沒有發現任何聰明的論據可以「解釋」他的情況。但在最痛苦的時候，他經歷到神，使他的想法大大改變。他所忍受的試煉叫他與永活的神更接近；祂是超出我們既有的概念，「向你們所懷的意念是賜平安的意念，不是降災禍的意念，要叫你們末後有指望」（耶二十九11）。約伯痛苦的經歷使他能清晰看見，發現雖然主與他所想像的完全不一樣，祂的道也是難以理解的，但神不是他的敵人。神反而經常叫我們放下人世間的憑恃，好在與祂的相交之中得到平安。

- 我對自己、神、世界的一套看法受到質疑及行不通的時候，我曾經歷試煉嗎？我怎樣再次找到自己的平衡？
- 我曾否體會神是遠超我們心中對祂的一切想像的？何時體會過？那體會是怎樣的？

主耶穌基督，祝福我們：當難以理解的事情發生——無辜的人受苦時，求祢安慰我們的心。

# 「你們心裏不要憂愁，不要膽怯」

「我留下平安給你們；我將我的平安賜給你們。我所賜的，不像世人所賜的。你們心裏不要憂愁，也不要膽怯。」

約翰福音十四章27節

Mon âme se repose / In God alone

惟有在神裏面，我的靈才能找到安息和平安，在神裏我的平安和喜樂。惟有在神裏面，我的靈才得安息，找到安息和平安。

每次遇上試煉或家中出現危機，例如患重病、遇到天災、發生衝突或使用暴力時，我們往往不知所措。我們的計劃被打亂；我們的未來甚至是身分都可能會叫我們疑惑。我們的世界觀和生活都陷入危機，我們擔心：要是這不幸繼續呢？當此情景，基督所賜的平安是甚麼？

我們來回憶一下以利亞在何烈山上的發現（參王上十九11～14）：神不在火中，不在地震中，不在烈風中，卻在寧靜中發出微小聲音。為要知道神叫我們如何解決困難，我們首先要尋求這寧靜。我們要安靜下來，不去聽那些使我們懼怕的聲音，不去想起暴力的畫面、所受的痛苦和心中的憤怒，因這一些都會奪走我們的注意力。

耶穌賜平安給我們，向我們保證無論我們害怕甚麼，我們與祂的關係都不會改變。耶穌復活後甚至說：「願你們平安！父怎樣差遣了我，我也照樣差遣你們。」（約二十21）

面對喪失了自我的恐懼，加上自身的局限和疑慮，很自然地，我想退縮和保護自己。不過，即使我覺得自己完全不配被「差遣」，而這獻身的呼召令我走出自己的深淵，在我心深處，我一直渴望緊隨基督的腳步。

- 服事人的基督如何使我從恐懼中得釋放？我甚麼時候發現祂對人對事的看法？
- 與人分享基督，迫切地向全人類傳福音意味著甚麼？

耶穌，祢照亮我們的心，祢復活後，因著聖靈，祢從未離開我們。無論我們在哪裏，祢都等候我們。祢告訴我們：「你擔著重擔，可以到我這裏來，你會得到安息。」

# 在試煉中與我們同在

正當那日，門徒中有兩個人往一個村子去；這村子名叫以馬忤斯，離耶路撒冷約有二十五里。他們彼此談論所遇見的這一切事。正談論相問的時候，耶穌親自就近他們，和他們同行；只是他們的眼睛迷糊了，不認識他。耶穌對他們說：「你們走路彼此談論的是甚麼事呢？」他們就站住，臉上帶著愁容。〔……〕於是從摩西和眾先知起，凡經上所指著自己的話都給他們講解明白了。將近他們所去的村子，耶穌好像還要往前行，他們卻強留他，說：「時候晚了，日頭已經平西了，請你同我們住下吧！」耶穌就進去，要同他們住下。到了坐席的時候，耶穌拿起餅來，祝謝了，擘開，遞給他們。他們的眼睛明亮了，這才認出他來。忽然耶穌不見了。他們彼此說：「在路上，他和我們說話，給我們講解聖經的時候，我們的心豈不是火熱的嗎？」他們就立時起身，回耶路撒冷去，正遇見十一個使徒和他們的同人聚集在一處，說：「主果然復活，已經現給西門看了。」

路加福音二十四章13至17節、27至34節

Bleib mit deiner Gnade / Stay with us

請留下，主耶穌基督，光照我們。請祢留下，主耶穌基督，驅散黑暗。

這故事告訴我們兩個人怎樣放下失敗、傷心和憤怒，以及怎樣發現沒有東西能破壞的平安、喜樂、相交的源頭。這源頭是一個人；要從祂支取這一切，要遇見祂，我們就要避開阻礙我們靈魂的眼睛的事物。

我們發現那兩個挫敗的門徒遺下了同伴，正在返回他們的村子去。因為只顧著他們的不幸經歷，他們沒有認出途中與他們同行的人。故事尾段，他們忘掉疲累與疑慮，不顧危險跑回耶路撒冷，因為他們有很重要的事告訴其他門徒。他們能夠再次為他人而活。

復活的基督在途中與門徒同行，進入他們的生活節奏，聽他們抱怨和他們的不理解。基督沒有因為門徒逃跑及不認祂而責備他們。耶穌的顯現毫不引人注目，祂只是重覆祂跟門徒在一起時做過很多次的動作，說過很多次的話。但因為終其一生，耶穌一直都活出了這些說話所指的意思，他們現在承擔一個新任務。以前指著將來的那些經文現在已經實現了。分吃麵包，表示預備獻出自己，現在代表耶穌整個人已經獻上的事實。

那段日子裏，在耶路撒冷發生的一切都不是意外，而是早就已經宣告過、預備好的，這大大激勵門徒去辨明並努力實現神的指望。耶穌透過獻出生命直至最後，為我們開路，幫助我們每一天都可以獻出自己，開展與他人的相交。

- 在甚麼情況下，我發現自己需要平安和寬恕的源頭？
- 我曾否在別人有困難的日子裏一直陪伴在側？在過程中我從哪裏得幫助？

耶穌，祢照亮我們的心，我們永不會把祢留在路邊不管。當我們讓祢改變我們的軟弱，我們會得著意想不到的東西。

# 醫治人的內心深處

到了耶利哥；耶穌同門徒並許多人出耶利哥的時候，有一個討飯的瞎子，是底買的兒子巴底買，坐在路旁。他聽見是拿撒勒的耶穌，就喊著說：「大衛的子孫耶穌啊！可憐我吧！」有許多人責備他，不許他作聲。他卻越發大聲喊著說：「大衛的子孫哪，可憐我吧！」耶穌就站住，說：「叫過他來。」他們就叫那瞎子，對他說：「放心，起來！他叫你啦。」瞎子就丟下衣服，跳起來，走到耶穌那裏。耶穌說：「要我為你做甚麼？」瞎子說：「拉波尼，我要能看見。」耶穌說：「你去吧！你的信救了你了。」瞎子立刻看見了，就在路上跟隨耶穌。

馬可福音十章46至52節

### Jesus, remember me

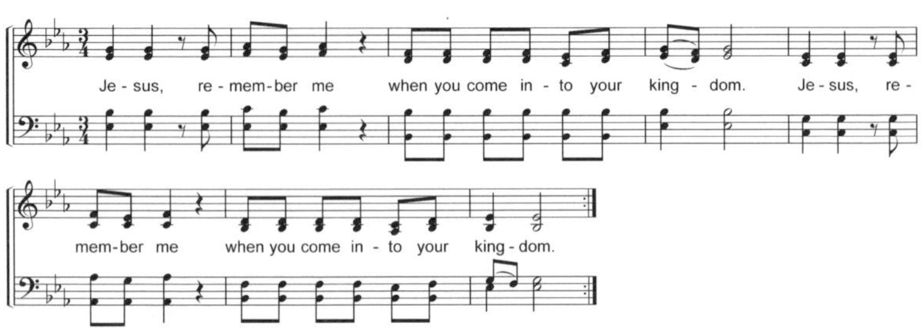


耶穌，祢進入天國的時候請記得我。

巴底買，一個被迫行乞的瞎子，而那些正與耶穌同赴耶路撒冷——成就一切之地的人，視他為一個干擾。但巴底買的呼求卻排除萬難傳到耶穌耳中，耶穌停下了腳步。耶穌並沒有因為專注於自己的目標而忽略周遭承受痛苦的人。事實上，人類都逃避這種痛苦，但耶穌來到世上，不正是為了要擔起這種痛苦嗎？在耶穌眼中，沒有人是被遺棄的。

這故事裏引人注目的是，盲人在與耶穌的對話中得到醫治，而這段對話之中，顯示了耶穌對盲人的驚訝之情，甚至是欣賞。這個被人拒絕的盲人乞丐，已經重新發現了他作為人的尊嚴。他呼喊出「可憐我吧！」這句話時，他的信心是多麼的大！他奔向耶穌的時候，甚至連他那放了金錢的外衣也丟下了。耶穌的問題：「你要甚麼？」更激起了盲人對耶穌的極大信心。盲人並沒有請求施捨，而是放膽說出「我要能看見！」的要求。得到醫治後，巴底買就跟隨著耶穌繼續上路。

我們所有人都需要被醫治。盲人的呼喊成了我們在崇拜儀式中「神，求祢垂憐！」（*Kyrie eleison*）的呼喊，尋求以信心代替心中的痛苦。我們的心轉向與我們一同受苦的基督，我們跟隨祂走在通往復活的道路上，祂賜給我們其中所需。我們的信心會喚起對基督的仰慕，而醫治，一種全新的自由，從我們內心的深處開始。

- 巴底買的態度如何幫助我更新我的禱告？
- 我們有時會不會因為太專注於我們的目標，而察覺不到我們遇見的人的需要？

基督啊，即使人們並未察覺，祢都是與全人類聯結一起的。

更何況，祢已經從死裏復活了，祢來到世上，是要醫治我們靈魂的隱蔽傷口，而每個人都可接觸那衷心的憐憫。

# 「凡勞苦的人可以到我這裏來」

那時，耶穌說：「父啊，天地的主，我感謝你！因為你將這些事向聰明通達人就藏起來，向嬰孩就顯出來。父啊，是的，因為你的美意本是如此。一切所有的，都是我父交付我的；除了父，沒有人知道子；除了子和子所願意指示的，沒有人知道父。凡勞苦擔重擔的人可以到我這裏來，我就使你們得安息。我心裏柔和謙卑，你們當負我的軛，學我的樣式；這樣，你們心裏就必得享安息。因為我的軛是容易的，我的擔子是輕省的。」

馬太福音十一章25章至30節

Beati voi poveri / How blessed the poor in heart

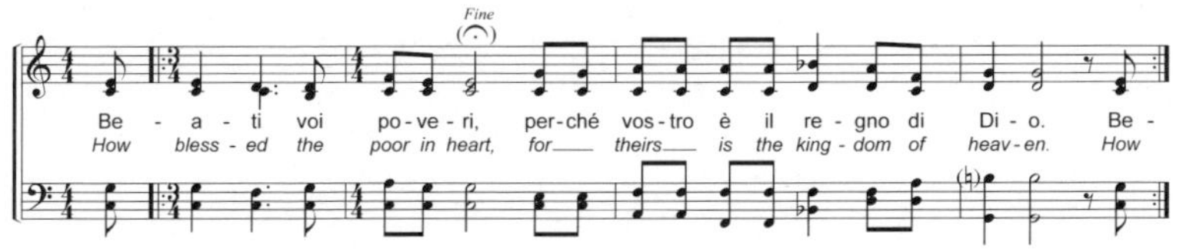


心靈貧乏的人是有福的，因為天國是他們的。

耶穌遭遇到很大的挫敗：祂開始在各城宣講神作王，各城的人卻拒絕接受，於是祂以嚴厲的話表達了祂的苦惱（參20～24節）。

但接著耶穌回到神說過的話，這話由耶穌開始傳道起就一直激勵著祂：「這是我的愛子，我所喜悅的。」（三17）跟耶穌受洗時不同，現在沒有聲音從天上來，只有以神話語禱告裏的簡單提醒。在這困境當中，耶穌最初聽到的這句說話更深地進入祂的心，表達出祂存在的奧祕。可以說，對於未來，耶穌沒有領受到更清晰的啟示，但那情況卻是「從上而下地」給顯明了的。

耶穌不像「有聰明智慧的」人，而是像「心裏柔和謙卑的」人那樣，能夠繼續傳揚神的臨在，並不強加於人。門徒亦已經與耶穌一起，以不具威脅的方式傳揚天國。雖然人們拒絕耶穌所傳的奧祕，但它已經向世人「揭示」，因此要讚美。

基督給我們的使命，即是愛神和愛人的命令，並非我們額外的負擔。「仿效祂」的意思，是我們的良心聽見神永遠愛著我們。由此我們進入耶穌跟天父的同一關係裏。那就是祂的「軛」；沒有了祂的「軛」，我們的土地無法耕作，也沒可能結出任何果子。

- 聖經裏有沒有經文幫助我在面對困境時仍然堅持下去？
- 教會在哪些方面很好地反映神慈愛、不勉強人的形象？
- 哪些困境令我對神的形象有更深刻的領會？

每個人的救主，我們跟隨祢選擇去愛，選擇永不使我們的心剛硬。即使我們內裏受試煉困擾，仍然可以繼續擁有平靜的信心。

# 「行走吧！」

他看見彼得、約翰將要進殿，就求他們賙濟。彼得、約翰定睛看他；彼得說：「你看我們！」那人就留意看他們，指望得著甚麼。彼得說：「金銀我都沒有，只把我所有的給你：我奉拿撒勒人耶穌基督的名，叫你起來行走！」

使徒行傳三章3至6節

## L'ajuda em vindrà

(My help comes from the Lord, from the Lord our God who made heaven and earth.)

我的幫助是從造天地的神而來。

彼得沒有逃避這生來是跛腳的人的痛苦。他沒有去找出這人「為甚麼」會這樣，他被這認命的人的不幸打動；這人只能以他的殘障引路人同情他，好讓他能得到足夠的施捨以糊口。在所有人眼中，這人代表了人性的墮落和荒謬，看來似乎破壞了神的計劃。

彼得沒有解釋那情形的奧祕。但他可以見證和分享他所發現的事：信靠基督比其他一切都穩妥，恐懼、膽小的行為和絕望都不能摧毀這份信靠。由彼得在湖邊聽到耶穌說：「來跟從我！」直至耶穌復活後問彼得：「你愛我嗎？」耶穌總是向彼得展示信靠是可行的，因為耶穌自己首先冒險去信靠。

「奉……耶穌基督的名……」現在彼得被基督的靈充滿，並奉基督的名行事。彼得表明他與基督的相交，以及他對這跛子懷有希望。彼得能夠對那些失去希望的人有所期望，他能夠相信那些陷入痛苦與失敗裏的人是有將來的。這行乞的跛子只希望得到可以讓他糊口的東西，彼得卻敢於與他分享自己生命的祕訣，以致神的榮耀得以藉彼得彰顯。

回應基督的呼召即是發現了用之不盡的寶庫，使我們能夠回應我們遇上的任何需要。分享這呼召就是向他人活出基督。

- 我已如何活出基督的呼召？
- 我怎樣才敢與他人分享這呼召？

憐憫的神，當我們因為不明白無辜的人為何受苦而感到困惑，求祢藉我們的生命顯出基督慈悲的反映。

# 在復活的光照裏

正祝福的時候，他就離開他們，被帶到天上去了。

路加福音二十四章51節

## Per crucem (canon)

(By your cross and your passion, by your holy resurrection, set us free, O Lord.)

主啊，以祢的十架、受難，以祢的神聖救贖，釋放我們。

遠在走上十架苦路以前，耶穌已經開始預備門徒面對祂的死亡。基督復活後，一如以往，祂「開他們的心竅，使他們能明白聖經」，差遣他們，並要求他們等候聖靈降臨。於是耶穌升天，除去了門徒的憂傷，使他們不再被動退避。

在我們的生命中，摯愛的人離世可以是與復活的主相遇的機會，也可讓我們向復活敞開自己。但是，在離別的一刻，痛苦很可能會令我們感到絕望，那不只會使我們困惑，還會使我們相信世上除了痛苦、荒謬、不幸之外甚麼也沒有。這痛苦是那逾越節的一部分；那逾越節就是復活節——一個新生命的開展。

在我們可能希望分析的虛空，或者只是要令分離變得合理的解釋之中，我們找不到真理。真相就是從來都沒有分離；不過這也只有心靈才能道出，而我們必須在寧靜中傾聽心靈的聲音。「雖然憑著外貌認過基督，如今卻不再這樣認他了」（林後五16）。

基督離開後，祂的位置一直懸空。我們要放開懷抱，不要擔心或感到不耐煩。知道祂會到臨這相同位置，是我們可以「擁有」的寶物。復活基督的聖靈在那裏等候我們。分離、時間或甚至遺忘，都不能使人的心——就是選擇了去愛的——靜止下來。

- 我可以怎樣在基督的光照裏，預備自己和託付給我的人去經過人生裏的其中一部分——分離？
- 安慰人的聖靈在分離當中與人同在，我們等候祂臨在時，甚麼幫助我們堅持下去？

復活的主，耶穌，祢迎接已經離世者進入永恆的生命。他們已思想那不可見的，有時卻跟我們仍很接近。痛苦的時候，令祢更愛我們；藉著祢的聖靈，祢安慰我們，賜我們平安。

# 遇見復活的基督

馬利亞卻站在墳墓外面哭。哭的時候，低頭往墳墓裏看，就見兩個天使，穿著白衣，在安放耶穌身體的地方坐著，一個在頭，一個在腳。天使對她說：「婦人，你為甚麼哭？」她說：「因為有人把我主挪了去，我不知道放在哪裏。」說了這話，就轉過身來，看見耶穌站在那裏，卻不知道是耶穌。耶穌問她說：「婦人，為甚麼哭？你找誰呢？」馬利亞以為是看園的，就對他說：「先生，若是你把他移了去，請告訴我，你把他放在哪裏，我便去取他。」耶穌說：「馬利亞。」馬利亞就轉過來，用希伯來話對他說：「拉波尼！」（拉波尼就是夫子的意思。）耶穌說：「不要摸我，因我還沒有升上去見我的父。你往我弟兄那裏去，告訴他們說，我要升上去見我的父，也是你們的父，見我的神，也是你們的神。」抹大拉的馬利亞就去告訴門徒說：「我已經看見了主。」她又將主對她說的這話告訴他們。

約翰福音二十章11至18節

Christus resurrexit / Jesus Christ is risen

哦——耶穌已復活。哦——哈利路亞！

我們藉著那些見證著這復活奧祕的人的轉變，首先認出他們遇見復活的奧祕。耶穌在世時，抹大拉的馬利亞與祂關係密切。耶穌死去，她只剩下哀傷；即使是徒然的，她仍然嘗試去保存這段已經逝去的關係裏的零碎片段，耶穌的墳墓和遺體對她來說所象徵的回憶。

縱使她的態度使她脫離現實，但在人性的角度來說，是值得同情的。她沒有察覺到天上的使者特來為新的一天報信，也沒有察覺到復活的基督。直到耶穌叫她的名字，她才醒過來，然後經歷一種全新的開始：這段聖經兩次說她「轉過來」（14、16節），這個詞在希伯來文裏是形容人心靈上的改變。

馬利亞感到喜樂，但她仍然要再踏出一步。這段恢復的關係跟在耶穌死前的不一樣。馬利亞必須拋開獨自「擁有」耶穌的一切想法，出發去喚醒其他活著的人。走向他人，先是走到門徒裏去，馬利亞才能與基督保持緊密的關係。與復活主的關係使門徒改變成為活的話語，他們奉耶穌基督的名，叫人們拋棄各樣自大或絕望，以致成為全體相交的一部分。

- 甚麼使我們無法察覺神在我裏面及我周圍的工作？
- 當基督呼叫我的名字，我知道嗎？甚麼使我們能夠辨別出基督的呼召？
- 我可以走向誰，以傳遞意想不到的喜樂？

我們的信心耶穌，自從祢復活以後，祢的光就在我們裏面照耀。所以我們仍可告訴祢：我們未曾見過祢就愛祢，仍未看見祢但我們相信，而祢就務求以難以言喻的喜樂澆灌我們，這喜樂也已改變我們。

重新發現的盼望
Ⅳ

## 「我從深處向你求告！」

耶和華啊，我從深處向你求告！
主啊，求你聽我的聲音！
願你側耳聽我懇求的聲音！
主——耶和華啊，你若究察罪孽，
誰能站得住呢？
但在你有赦免之恩，
要叫人敬畏你。
我等候耶和華，我的心等候；
我也仰望他的話。
我的心等候主，
勝於守夜的，等候天亮，
勝於守夜的，等候天亮。
以色列啊，你當仰望耶和華！
因他有慈愛，有豐盛的救恩。
他必救贖以色列脫離一切的罪孽。

詩篇一百三十篇

El Senyor / In the Lord

在主裏面我會常常感恩，在主裏面我會歡樂！仰望神，不要懼怕。大聲呼喊，主在附近。

這是呼求盼望的詩篇。這怎麼可能？詩人似乎陷於絕望，但卻勇於向神高舉他的歌：「耶和華啊，我……向你求告！」（詩一三〇1）「主啊，求你聽我的聲音！」（詩一三〇2）在困難的時候他仍願意相信神。窮途成為了盼望之途。

甚麼是盼望？閱讀這詩篇令我們明白盼望比樂觀更美好。盼望是指即使我們目前看不到，心裏堅信所期待的會實現：「勝於守夜的，等候天亮」（詩一三〇6）。保羅也寫道：「我們得救是在乎盼望；只是所見的盼望不是盼望，誰還盼望他所見的呢？但我們若盼望那所不見的，就必忍耐等候。」（羅八24～25）那奧妙在於，我們往往在陷入低潮只有相信才可以向前走的時候，才會學懂盼望。

盼望需要根，需要扎實的基礎。詩人的盼望是基於神對他的愛；他知道這愛就是饒恕：「在你有赦免之恩」（詩一三〇4）。他的盼望建基於他經歷過神無條件的愛。

盼望不會阻擋我們，反而會使我們放開自己。盼望是可以傳遞的。回想起自己為何盼望後，詩人對人民說：「以色列啊，你當仰望耶和華！」（詩一三〇7上）他明白神慷慨：「他……有豐盛的救恩。」（詩一三〇7下）

- 守夜者等候黎明的形象，如何幫助我明白盼望？
- 我對自己的生活、對人和對教會有何盼望？

我們喜樂和盼望的泉源在哪裏？就在祢裏面。愛人的神，祢不斷尋找我們，在我們裏面尋找人靈魂深邃的美麗。

# 喚起盼望的那位

有許多人跟著他。他把其中有病的人都治好了；又囑咐他們，不要給他傳名。這是要應驗先知以賽亞的話，說：看哪！我的僕人，我所揀選、所親愛、心裏所喜悅的，我要將我的靈賜給他；他必將公理傳給外邦。他不爭競，不喧嚷；街上也沒有人聽見他的聲音。壓傷的蘆葦，他不折斷；將殘的燈火，他不吹滅；等他施行公理，叫公理得勝。外邦人都要仰望他的名。

馬太福音十二章15至21節

## Christe Salvator

(Christ the Saviour, Son of the Father, grant us peace.)

救主基督，天父的獨生子，求賜我們平安。

無論走到哪裏，耶穌都知道如何喚起人的盼望。只有祂的行動或說話才會使人重獲生命。在這段聖經裏，我們首先見到耶穌被很多人緊緊跟著，耶穌不能擺脫他們。這段文字幫助我們明白，耶穌願意幫助這些人，沒有一絲猶豫：「他把其中有病的人都治好了」（15節）。耶穌隨即進一步指導他們：「又囑咐他們，不要給他傳名」（16節）。福音書的作者似乎對耶穌的態度感到驚訝，接著引用了以賽亞書的經文。我們又可以怎樣理解這樣的一個人：使人重獲生命，卻又不願人人都注意到祂？

以賽亞描述了一個與神的靈同在，而又會傳揚審判的人，換句話說，就是神所要求又幫忙我們生出的所有良善。這僕人做到了，卻沒有揚聲（參19節），並溫柔到連壓傷的蘆葦也不折斷。當寫這福音書的人默想基督時，他看見一個神所差派的人，這人接觸那些受苦的人而不拖垮他們，接觸那些在絕望邊緣的人而不吹熄他們殘餘的火光。基督從不輕視任何人，祂看到遇見的每個人的內心深處。基督並不單單視站在祂面前的人為傳揚信息的對象。基督正是為了那人而來，祂要為那人捨命。

- 在這篇文章裏，對我最有挑戰性的是甚麼？從基督的態度我看到甚麼？
- 我認識哪個人是成功喚起他人盼望的？這些人有甚麼「祕訣」？我們可以在他們身上看到基督的形象嗎？

我們的希望耶穌，祢的憐憫沒有窮盡。我們渴求祢的同在，是祢告訴我們：「為甚麼膽怯？不要害怕，我在這裏。」

# 在神裏面尋找人生意義

耶穌說：「我實實在在地告訴你，人若不是從水和聖靈生的，就不能進神的國。從肉身生的就是肉身；從靈生的就是靈。我說：『你們必須重生』，你不要以為希奇。風隨著意思吹，你聽見風的響聲，卻不曉得從哪裏來，往哪裏去；凡從聖靈生的，也是如此。」尼哥德慕問他說：「怎能有這事呢？」耶穌回答說：「你是以色列人的先生，還不明白這事嗎？我實實在在地告訴你，我們所說的是我們知道的；我們所見證的是我們見過的；你們卻不領受我們的見證。我對你們說地上的事，你們尚且不信，若說天上的事，如何能信呢？除了從天降下、仍舊在天的人子，沒有人升過天。摩西在曠野怎樣舉蛇，人子也必照樣被舉起來，叫一切信他的都得永生。神愛世人，甚至將他的獨生子賜給他們，叫一切信他的，不致滅亡，反得永生。因為神差他的兒子降世，不是要定世人的罪，乃是要叫世人因他得救。」

約翰福音三章5至17節

Tu sei sorgente viva

(You are the living spring; you are fire and love. Come, Holy Spirit.)

祢是活水泉源；祢是火與愛。來，聖靈。

人出生那一刻，生命就似乎是一份禮物，也似乎是一個呼召。我只可能由另一個人，就是那期待我出生的人的行動，給帶到這世上。

「從肉身生的」意思是人離開母體而成為獨立存在的個體。即是說人擁有了屬於自己的臉孔，於是便能夠親自與其他人見面，但人生並非僅僅如此。人只有從自身以外發現自己「為甚麼」及「為誰」而活，才能夠徹底地活著。如果沒有任何生存目的，又或者是孤單一人，一個人在必需承受痛苦之中，是無法找到開展人生旅途所需要的能量或動力的。

「重生」的意思是在我們開始要面對抉擇及承擔責任的建立過程裏，我們會發現自己將找到最內在的身分。清楚認識我們「為何」存在，並且將此扎根於神，就能夠使我們整個人生裏的渴望有方向。

「從水……生的」這句話涉及之前耶穌受洗時的實況（參太三16～17）。與基督一同從污水裏上來，意味著從邪惡勢力中得釋放，從恐懼與死亡中得釋放，以致我們從這一刻開始，在基督的復活中有份。

藉著那使「我們呼叫：『阿爸！父！』」的聖靈生於世上，是指我們不再專注於我們自己，而向神給予我們的盼望開放自己，從而進入與神親密相交的生命。這也是指我們在安靜和平安中聆聽基督的呼召，基督告訴我們神在我們身上的計劃，並使我們不再孤單。

- 誰帶領我的生命信靠神？
- 天父注視我，這如何幫助我使其他人對聖靈覺醒？

尋求祢，基督，就是即使在我們內心深處最孤寂的部分，也尋找祢的同在。求祢使那些降服於祢的人喜樂，使那些憑信心靠近祢的人喜樂。

## 「為甚麼膽怯？」

當那天晚上，耶穌對門徒說：「我們渡到那邊去吧。」門徒離開眾人，耶穌仍在船上，他們就把他一同帶去；也有別的船和他同行。忽然起了暴風，波浪打入船內，甚至船要滿了水。耶穌在船尾上，枕著枕頭睡覺。門徒叫醒了他，說：「夫子！我們喪命，你不顧嗎？」耶穌醒了，斥責風，向海說：「住了吧！靜了吧！」風就止住，大大地平靜了。耶穌對他們說：「為甚麼膽怯？你們還沒有信心嗎？」他們就大大地懼怕，彼此說：「這到底是誰，連風和海也聽從他了。」

馬可福音四章35至41節

Fiez-vous en Lui

(Trust in Him and do not fear. God's peace will protect your hearts. Alleluia, alleluia!)

相信祂，不要害怕。神的平安會保護你的心。哈利路亞！

晚上，耶穌想離開祂一直教導人的地方，祂的門徒「就把他一同帶去」，他們似乎走得匆匆忙忙。耶穌是否感到受威脅？祂知道加利利的統治者希律的追隨者正在想辦法除掉祂（參可三6）。渡到對岸、「格拉森人的地方」後，耶穌與門徒就會遠離希律的權力範圍。

他們剛脫離人對他們的危險，大自然的力量就襲擊耶穌門徒的小漁船了。連那些經驗豐富的漁夫也不知怎辦。他們再也認不出加利利湖：海浪就像張大了口的深淵，快要吞噬他們。因此他們驚恐大叫。他們的困擾夾雜著指摘：「我們喪命，你不顧嗎？」

耶穌醒來了，不為四周的擾亂所動。祂說了兩句話，一切就平靜了。可是祂怎麼可以在大風浪中枕著枕頭於船尾睡覺呢？這只有小孩子才做得到。耶穌不是小孩子，但正如詩篇所說，祂「的心平穩安靜，好像斷過奶的孩子在他母親的懷中」（詩一三一篇）。祂平靜風浪的說話得自祂在神裏面的寧靜。幾個世紀後，尼尼微的以撒（Issac of Nineveh）說：「使自己安靜下來，天地就會使你平安。」

耶穌問：「你們還沒有信心嗎？」這表明耶穌所做的是為了我們的信心。那「風和海也聽從」的人也對憂慮、懼怕，和引致我們的靈騷動的痛苦說：「住了吧！靜了吧！」耶穌的說話創造那培養信心的寧靜。

- 陷入無法憑經驗找到出路的困境時，我如何反應？
- 對於門徒來說，耶穌的說話改變了凶險的實況——那大風浪的海——使之成為可以與耶穌在平安中重新相遇的地方。今天，甚麼使我們能夠找到以信靠行事所需要的寧靜？

復活的耶穌，存在的奧祕，祢從來不想我們陷入苦惱，祢以平安包裹我們。我們的靈魂深處因福音而喜樂。

# 「起來！讓你的靈活過來！」

在那裏有一個人，病了三十八年。耶穌看見他躺著，知道他病了許久，就問他說：「你要痊愈嗎？」病人回答說：「先生，水動的時候，沒有人把我放在池子裏；我正去的時候，就有別人比我先下去。」耶穌對他說：「起來，拿你的褥子走吧！」那人立刻痊愈，就拿起褥子來走了。那天是安息日，所以猶太人對那醫好的人說：「今天是安息日，你拿褥子是不可的。」他卻回答說：「那使我痊愈的，對我說：『拿你的褥子走吧。』」他們問他說：「對你說『拿褥子走』的是甚麼人？」那醫好的人不知道是誰；因為那裏的人多，耶穌已經躲開了。後來耶穌在殿裏遇見他，對他說：「你已經痊愈了，不要再犯罪，恐怕你遭遇的更加利害。」那人就去告訴猶太人，使他痊愈的是耶穌。所以猶太人逼迫耶穌，因為他在安息日做了這事。耶穌就對他們說：「我父做事直到如今，我也做事。」所以猶太人越發想要殺他；因他不但犯了安息日，並且稱神為他的父，將自己和神當作平等。耶穌對他們說：「我實實在在地告訴你們，……那聽我話、又信差我來者的，就有永生；不至於定罪，是已經出死入生了。」

約翰福音五章5至19節、24節

Bonum est confidere

(It is good to trust and hope in the Lord.)

相信主並存盼望是好的。

耶穌在安息日——一個所有人都被要求用神的眼光看世界的日子——替一個男人治病。耶穌注意到那些在池邊聚集的病人的痛苦，祂問其中一人：「你要痊癒嗎？」那人猶豫，不敢奢望，因他從來沒有交上好運。耶穌對他說：「起來，拿你的褥子走吧！」那人相信耶穌的話，起來走進聖殿裏。稍後，耶穌在聖殿裏再對他說：「不要再犯罪。」在此之前，其他人也曾如此警告過他，因為在安息日拿著褥子是違反規定的。不過耶穌所說的犯罪有更深層的意思。犯罪的重心不在違規，例如在安息日工作。「犯罪」的字面意思是「錯過目標」。那沮喪的病人錯過了人類被造的目的：熱愛生命及讚美神。他躺著的三十八年，正好對應以色列人流落曠野，遠離得享快樂的地方的三十八年（參申二14）。

這醫治是個「記號」，是那無限地無窮盡的現實的可見提示，表明了神的工作。神每天每刻都賦予生命，從荒謬裏挽回生命，令生命有意義。我們見不到基督，但從福音書裏知道祂的話語。聽見基督對我們說：「起來！」我們就「出死入生」。

- 為甚麼那病人不大敢回答耶穌的提問：「你要痊癒嗎？」甚麼使他顧慮甚至猶豫？
- 我是否敢於告訴基督我這生中想要甚麼？那使我「站起來」的東西是否不太可能得到？
- 耶穌的話：「起來走吧！」今天對我有甚麼意義？

萬愛之神，我們渴望聽見祢的聲音在我們裏面迴蕩：「起來！讓你的靈活過來！」我們不想陷入黑暗和沮喪，我們接受讚美的欣喜。

# 在絕望時仍抱一線希望

耶和華的話臨到他說：「你起身往西頓的撒勒法去，住在那裏；我已吩咐那裏的一個寡婦供養你。」以利亞就起身往撒勒法去。到了城門，見有一個寡婦在那裏撿柴，以利亞呼叫她說：「求你用器皿取點水來給我喝。」她去取水的時候，以利亞又呼叫她說：「也求你拿點餅來給我！」她說：「我指著永生耶和華——你的神起誓，我沒有餅，罈內只有一把麵，瓶裏只有一點油；我現在找兩根柴，回家要為我和我兒子做餅；我們吃了，死就死吧！」以利亞對她說：「不要懼怕！可以照你所說的去做吧！只要先為我做一個小餅拿來給我，然後為你和你的兒子做餅。因為耶和華——以色列的神如此說：罈內的麵必不減少，瓶裏的油必不缺短，直到耶和華使雨降在地上的日子。」婦人就照以利亞的話去行。她和她家中的人，並以利亞，吃了許多日子。罈內的麵果不減少，瓶裏的油也不缺短，正如耶和華藉以利亞所說的話。

列王紀上十七章8至16節

Notre âme attend / Our soul is waiting

我們的靈等候神。我們的心在主裏面找到喜樂。哦——

嚴重旱災的時候，以利亞按神的吩咐展開旅程。起初他離開去到偏僻處，藏身在一條溪旁，遠離人羣聚居之地。後來他往北走，到外地一個名為西頓（大概在現今的黎巴嫩）的地方。從前以色列人寄居在埃及，後來走過沙漠的經驗，就某種意義來說，變成他自己的經驗。

以利亞來到了西頓的城鎮撒勒法，像很多疲倦的旅客一樣，以利亞向路人叫喊，求路人給他一點水喝。眼見那人肯給他水喝，以利亞於是再要求她給自己一點餅，但那對她來說是太難了。她道出自己的絕望。她是寡婦，孤獨又窮苦，甚至沒能力讓自己的孩子吃飽。她撿柴是要用最後僅有的少許麵粉做餅，吃完以後，她認為自己和兒子將死。

那時，以利亞卻向她提出比要水和餅更大的要求。以利亞要求她相信神。即使她是外邦人，不認識以色列人的神，神會供應她生活所需。以利亞所見證的神看顧所有仰望祂的人。這寡婦於是表現出她的信心，給以利亞她所有的一點食物。

「謹守仁愛、公平，常常等候你的神」（何十二6）。撒勒法的寡婦不知道這句簡單地表達了神與祂子民契約的話，卻把這句話實踐出來。她行動和接待，做她覺得自己應該去做的事。面對未知的未來，信靠神使她不致於沮喪。

- 撒勒法的寡婦的態度如何感動我？
- 我們會為未來的哪一方面擔憂？
- 現在我們可以怎樣在能力範圍內與他人分享，接待他人，以致我們不再被動？

憐憫的神，求祢使我們可以在寧靜和愛中降服祢。在我們的處境中，信靠是不容易的，但祢在我們裏面開放道路通向盼望的欣喜。

# 保持警醒、具洞察力與禱告

約翰下監以後，耶穌來到加利利，宣傳神的福音，說：「日期滿了，神的國近了。你們當悔改，信福音！」

馬可福音一章14至15節

Venite, exultemus Domino / O come and let us sing to God

來吧，讓我們向我們的盼望——神歌唱。神的憐憫是永遠的。哦，神的憐憫是永遠的。

耶穌的信息可以用這句話總結：「天國近了！」以賽亞曾預言天國會來臨，耶穌更徹底地說：「天國就在這裏！」耶穌說這些話時，時勢惡劣：施洗約翰剛被人抓進了監牢。不論對政治或是心靈上，人們都沒甚麼盼望。在這個暴力和弱肉強食似乎已經得勝的世界裏，無論所懷的意圖有多美好，共同生活都似乎令人難以想像；耶穌希望人們會注意到一條新出路：神在這裏！天國在這世界裏隱藏，像藏在麵粉裏的酵（參太十三33）。我們可以向「在暗中的父」禱告（太六6）。

基督在太初就轉向神（參約一1），祂想在道上引領我們。這道不是讓我們遠離世界，而是要令我們更加入世，分享他人的喜樂，分擔他人的痛苦。轉向神的生活活動有兩部分：耶穌醫治和赦免人，以彰顯自己的良善，祂也將神臨在的記號顯明出來，就是祂在別人身上發現的，例如奉獻出自己所有的寡婦（參可十二44）；顯出極大信心，叫耶穌希奇的羅馬百夫長（參路七9）；或放下一切跟隨基督的門徒。

叫人吃驚的是耶穌很簡單，祂也邀請我們如此簡單：「要警醒」（可十三37），「相信」神的愛臨到每個人，讓我們的生命堅定不移地植根於神的這份愛，並且發現它的記號，特別是從施捨和美的行動中。透過各樣微小事件，神極慎重地對我們說話。察覺神臨在，在生活中的事情裏發現神的話語，都視乎我們。

然後我們發現我們一直得到扶持。在耶穌的人生中與祂一起的聖靈（路一35，三22，四14……二十四49）「使我們過渡到基督的嶄新裏」（里昂的愛任紐〔Irenaeus of Lyon〕）。當我們放膽去察看神工作，即使是困境，祂創造生命和相交，我們的生命就會獲得新的生氣和活潑盼望的激勵。

- 神王權臨在的甚麼記號，是我生活裏的支持？

充滿每個人的聖靈，祢給予我們自由和自發性。祢將生命的熱情加給那些失去了的人。祢使我們脱離沮喪。

# 活在當下

耶和華在滄海中開道，
在大水中開路，
使車輛、馬匹、軍兵、勇士都出來，
一同躺下，不再起來；
他們滅沒，好像熄滅的燈火。
耶和華如此說：
你們不要記念從前的事，
也不要思想古時的事。
看哪，我要做一件新事；
如今要發現，你們豈不知道嗎？
我必在曠野開道路，
在沙漠開江河。
野地的走獸必尊重我；
野狗和鴕鳥也必如此。
因我使曠野有水，
使沙漠有河，
好賜給我的百姓、我的選民喝。
這百姓是我為自己所造的，
好述說我的美德。

以賽亞書四十三章16至21節

## Wait for the Lord

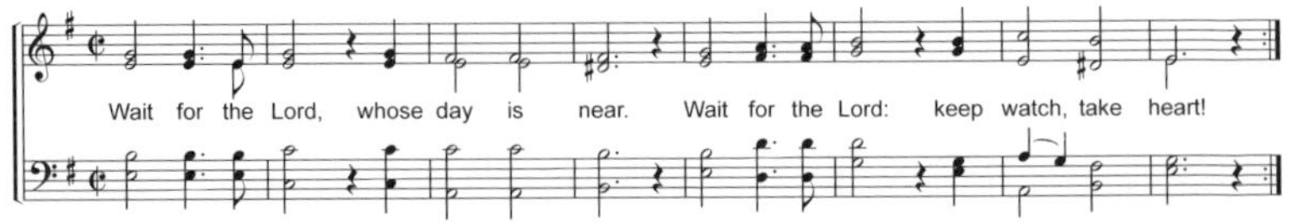


等候主，祂的日子近了。等候主：保持警醒，用心！

在以色列人的信仰中，出埃及的記述是重心：神使以色列人脫離奴役的枷鎖，帶領他們安然渡過那海。慶祝打敗埃及人的記述裏，故事其實是要強調邪惡勢力無法阻撓神愛的計劃。

幾個世紀後，現在有個身處流亡之地、名不經傳的先知，似乎在鼓吹聽眾忘卻神這偉大作為！他是不是企圖在眾人陷於如此悲慘困境的非常時候，推翻他這時代的信仰？

其實先知是要防止人眷戀過去。回憶過去時，有兩種不同的態度面對。我們可以以過去悲歎現在，徒勞地試圖令時光倒流。或者可以記著那曾經拯救前人的神仍然與我們同在，祂隨時都能夠再次施行這樣的奇迹。這樣，思想過去就成為了處理現在情況及對未來存信心的跳板。

對以賽亞來說，最重要是神永遠都是新事的泉源。回望神過去的工作，我們可以察覺到神當下如何工作。我們可以得到勇氣和盼望，全然活在當下，確信最美好的將臨到。

- 我甚麼時候曾經很想懷緬過去？
- 我如何能夠從過去的經歷獲得勇氣以面對現在，得盼望以展望將來？
- 當我明白到神常常成就新事，我的生命有何轉變？

充滿憐憫的神，祢將我們的過去埋葬在基督裏，並且祢要照管我們的未來。

# 被神的愛吸引

錫安的民哪，應當歌唱！
以色列啊，應當歡呼！
耶路撒冷的民哪，應當滿心歡喜快樂！
耶和華已經除去你的刑罰，
趕出你的仇敵。
以色列的王——耶和華在你中間；
你必不再懼怕災禍。
當那日，必有話向耶路撒冷說：
不要懼怕！錫安哪；
不要手軟！
耶和華——你的神是施行拯救、
大有能力的主。
他在你中間必因你歡欣喜樂，
默然愛你，且因你喜樂而歡呼。

西番雅書三章14至17節

Sanctum nomen Domini

(My soul magnifies the holy name of the Lord.)

我靈彰顯主聖名。

西番雅先知的事奉接近尾聲時，耶路撒冷裏已沒有王和聖殿。喜樂的歡慶和朝聖都成為了遙遠的記憶。人們想起以往種種，只能傷痛與遺憾。戰爭、饑荒和流亡的生活幾乎滅絕了神的子民。過去的榮耀，很多已消逝。但現在先知卻給「以色列的餘民」一個驚人的信息：「應當歡呼！」「應當滿心歡喜快樂！」他無法以言語向以色列民宣佈這喜樂的信息。

恐懼是喜樂的極大障礙——懼怕過去的過錯會帶來悲慘的惡果，對未來極為擔憂。主與恐懼的原因爭戰，開闢讓人可以喜樂的空間。祂「趕出你的仇敵」，「除去你的刑罰」，確保我們的過錯不會為我們帶來不幸。祂的赦免讓「軟弱的手」重新工作。耶路撒冷實在不再有王，其中不再有井井有條的生活。一切都得重新開始。但是由看顧祂子民的神來作「以色列的王」，又為何不行呢？

這就如同西番雅看見主來臨一樣。神好像一個沐浴愛河的年輕人那樣來到，唱著歌，跳著舞。「他在你中間必因你歡欣喜樂」，「因你喜樂而歡呼」。神讓祂的子民瞥見，在祂內裏深處祂是喜樂。「耶和華喜悅自己所造的」（詩一〇四31）。祂的愛使人喜樂，因此祂的愛歷久常新，總是令人意想不到。使徒保羅說：「神的國……在……聖靈中的喜樂」（羅十四17）。聖靈帶來兩種喜樂：神的喜樂與我們的喜樂，兩種喜樂互相呼應，一種帶領另一種如跳舞般，慶祝神與人的聯合。

- 在日常生活中，我們怎樣可以為歡慶的靈留下一點空間？
- 我在哪裏，哪個時刻和場合感到自己重新得到喜樂？
- 我希望神替我拿走哪些令我無法喜樂的障礙？

我們的喜樂，耶穌，祢希望我們擁有單純的心，心境像最初那樣。祢希望生存裏的紛亂不會使我們太氣餒。祢告訴我們：「不要憂慮，我常與你們同在。」

# 「叫我的喜樂存在你們心裏」

「這些事我已經對你們說了，是要叫我的喜樂存在你們心裏，並叫你們的喜樂可以滿足。你們要彼此相愛，像我愛你們一樣；這就是我的命令。人為朋友捨命，人的愛心沒有比這個大的。」

約翰福音十五章11至13節

Laudate omnes gentes / Sing praises, all you peoples

唱出讚美，萬國的民，向主唱出讚美。

耶穌在受難前最後與門徒一起時，說了這些話。當祂即將要受羣眾侮辱，被官方定罪，被門徒離棄和承受痛苦，就是當暴力和極大的恐懼似乎蓋過了一切，耶穌喜樂。

耶穌不是要傳授知識與訓示，乃是要確定祂的喜樂會在祂的朋友裏不斷重新湧現。祂盡全力要發掘他們內裏的泉源，以致那要來的暴風雨無法消滅他們的喜樂。耶穌的喜樂並非他人帶給祂的「滿足感」，而是祂生命的基礎，是使祂開始實踐祂使命的最大推動力。「我所喜悅的」是耶穌受洗時聽見的話。在世人中間成為祂父的喜樂，支持祂繼續祂的使命。

嚴肅地留下「命令」給祂的朋友，耶穌將權柄賦予祂的話。祂的說話是祂在世上的真正意義的精華。耶穌使門徒成為領袖，並差他們帶著這些話出去面向未來。耶穌把泉源放在門徒裏面，使他們生命的活力得以更新。耶穌把祂獻出生命背後的源頭交給門徒，令他們可以獻出一切。門徒獻出生命，每天讓耶穌的生命在他們裏面增長。

- 我們怎樣可以一直接近基督喜樂的泉源？我們可以為誰快樂生活及見證喜樂？
- 我是不完美的，有時我對事情的了解並不透澈，我怎樣可以每時每刻都獻出生命？

我們相信的耶穌，祢的福音書帶給我們美好的盼望，叫我們願意為了跟隨祢，獻出自己到底。然後一個問題就會出現：這盼望的源頭在哪裏？就在我們對祢的降服裏面，基督。

# V 具洞察力地向前走

# 開放並願意的心

在基遍，夜間夢中，耶和華向所羅門顯現，對他說：「你願我賜你甚麼？你可以求。」所羅門說：「你僕人——我父親大衛用誠實、公義、正直的心行在你面前，你就向他大施恩典，又為他存留大恩，賜他一個兒子坐在他的位上，正如今日一樣。耶和華——我的神啊，如今你使僕人接續我父親大衛作王；但我是幼童，不知道應當怎樣出入。僕人住在你所揀選的民中，這民多得不可勝數。所以求你賜我智慧，可以判斷你的民，能辨別是非。不然，誰能判斷這眾多的民呢？」所羅門因為求這事，就蒙主喜悅。

列王紀上三章5至10節

Lumière de nos cœurs / O light of every heart

哦每個人心裏的光，哦永恒的道路，生命，生活之源，主祢的靈使我們聚在一起。哈利路亞！哦所有愛的愛，主，我們聽見祢的呼召。祢的聲音穿透我們的夜晚，然後我們就開始讚美，哈利路亞！

在夢中，主讓年輕的所羅門選擇恩賜。所羅門明白到自己的局限，又缺乏經驗，於是求神「賜我智慧，可以判斷你的民，能辨別是非」，於是神就令所羅門明白，求智慧使所羅門同時得著了開啟其他所有門的鑰匙。

在中東的古文明裏，智慧原先是指各項實務性的才智，在生活裏獲得成功所需要具備的「常識」。不過聖經的「智慧」是有宗教意義的：有智慧的人是遵行神旨意的人，能夠辨別神的心意，並且實行出來。這種智慧只能自神而來，是恩賜。如果人嘗試靠自己的聰明去做到，就會錯誤以為自己掌握所有及無所不能，在這假象裏離開正道，最終只剩空虛。

無獨有偶，一位先賢同時以故事記載了一男一女不聽從神的聲音，偷吃了「分別善惡樹」的果子（參創三章）。人類的基本選擇總是相同的：凡事以自己為中心還是以神為中心；認為擁有的都是屬於自己的，還是認為一切都是恩賜。聖經說：「敬畏耶和華是智慧的開端」，換句話就是在深不可測的生命核心的奧祕面前，持尊敬的態度（參箴九10）。所羅門明白自己只是神的僕人；這位神非常慷慨，祂希望把一切贈予人。因此王的局限不再是實現神計劃的障礙。祂可以用似乎是無用的，帶領我們得到完全的生命。

- 現實世界的哪些方面會使我們忘掉生命和智慧是接受得來的恩賜？我們可以怎樣為慷慨的神作見證？
- 當我處理事情時意識到自己的局限，我可從這個故事找到甚麼指示？

永恆的神，無論我們知不知道，祢的聖靈都在我們裏面光照我們。那光照遍我們靈魂裏的黑暗，以不可見的存在充滿它。

# 不休止的創造

他們聚集的時候，問耶穌說：「主啊，你復興以色列國就在這時候嗎？」耶穌對他們說：「父憑著自己的權柄所定的時候、日期，不是你們可以知道的。但聖靈降臨在你們身上，你們就必得著能力，並要在耶路撒冷、猶太全地，和撒馬利亞，直到地極，作我的見證。」

使徒行傳一章6至8節

In manus tuas, Pater

天父，我交託我靈在祢手中。

我們可以怎樣得知神的旨意？耶穌復活後再次集合門徒，門徒都以為那是適當的時候，去知道神為祂子民及所有棲居地上的所預備的計劃。他們用當時當地流行的用語向耶穌提問，期望找到人們總是希望知道的答案，以活得實在。

耶穌回答的第一句話似乎令人失望，祂告訴門徒這事只有父可以知道。不是祂不願告訴我們，而是在局外要知道「所定的時候、日期」，除非我們是神。人類是受時間限制的，因此並不能從他們的歷史事件抽離自己。不然，人類就不再是人類了。

不過，耶穌最後都給了門徒一個正面的答案。耶穌告訴門徒：你會得到從聖靈而來的能力，使你能夠為基督作見證。雖然在外無從得知神的計劃，但這計劃會向身處其中的門徒揭露，門徒活下去時就會發現到！所賜下的聖靈會預備基督的門徒作好見證。門徒會繼續耶穌的工作，在世上踏上信心的朝聖旅途。聖靈會在這旅途上一步一步地光照門徒，永不離棄他們。對於我們的本性：希望在投身其中之前知道將來會發生的所有事情，這好消息仍是不容易的，不過歸根結柢，只有這樣我們才可以得到完全的自由。這使我們接觸到神，祂不加重人的擔子，祂的命令並非陰謀，這位神給我們機會與祂一起永遠創造。

- 甚麼幫助我辨別神的靈教導我走的下一步，以致活出我對基督的信仰？
- 甚麼幫助我信靠這位不向我提早透露祂計劃的神？

我們的平安耶穌，祢永不丟棄我們。而聖靈總會在前面開路，這路包括在神裏面休息，包含那深不可測的憐憫。

# 蒙召得自由

弟兄們，你們蒙召是要得自由，只是不可將你們的自由當作放縱情慾的機會，總要用愛心互相服事。因為全律法都包在「愛人如己」這一句話之內了。你們要謹慎，若相咬相吞，只怕要彼此消滅了。我說，你們當順著聖靈而行……聖靈所結的果子，就是仁愛、喜樂、和平、忍耐、恩慈、良善、信實、溫柔、節制。這樣的事沒有律法禁止。

加拉太書五章13至16節上、22至23節

Vieni Spirito creatore (canon) / Come and pray in us

來在我們裏面禱告吧，聖靈，來在我們裏面禱告，來看望我們吧，聖靈。聖靈，來吧。

福音的核心是自由。聖靈幫助人脫離各種認為世事已命定的論說，使他們在與惟一的神的關係中找到自己的身分（參一10）。加拉太的信徒混淆了聖靈的自由與放縱生活，保羅在寫給加拉太教會的信中，嘗試令他們更加明白這基本事實。

使徒告訴他們，聖靈是自由的來源，不過自由並不是無意識的。我們需要選擇去跟隨這在我們裏面的聖靈，如保羅說的我們必須「順著聖靈而行」。不然我們便會因保羅所說的「順從肉體活著」而犧牲。這難明的表達是指生活裏沒有神，與神活潑和聯合的愛的幫助隔絕。這種生活只會帶來分裂與失望。

實際上，自由永遠都不會是純粹的自由。每一種生活方式都會有其結果。保羅寫道，對比起「情慾的事」，「聖靈所結的果子」是一個單一多方面的事實：仁愛、和平、良善、信心等等。真自由就是在這裏找到的，這樣的生命是創新的；它所導向的，不是枯燥孤單，乃是引發及融和。要進入這樣的生命只有一個方法：與基督一起從死入生，順從祂的聖靈在我們裏面的感動的工作。

- 在實際生活中，我們如何可以順著聖靈而行？
- 我們怎樣可以用愛彼此服事？
- 福音書在哪方面對我來說是自由的來源？

聖靈，我們想單純地接受祢，而重要是透過這樣的一顆心：祢使我們可以明白，我們心靈中祢不可見的存在的奧妙。

# 信任的風險

耶穌在加利利海邊行走，看見弟兄二人，就是那稱呼彼得的西門和他兄弟安得烈，在海裏撒網；他們本是打魚的。耶穌對他們說：「來跟從我，我要叫你們得人如得魚一樣。」他們就立刻捨了網，跟從了他。

馬太福音四章18至20節

Christe, lux mundi

(O Christ, light of the world, whoever follows you will have the light of life.)

基督，世界之光，跟從祢的將得生命之光。

那些加利利的漁夫可以不理會一個陌生路人的說話：「來跟從我……」但由於他們認真看待這話，他們的人生徹底改變。那是因為他們從內心深處回應這呼召，而在這個慎重的邀請裏，已經包含了耶穌的一切：祂就是冒險擺上自己的期望和信任的那位。因為信靠天父是耶穌人生的全部，祂敢於邀請別人與祂一同委身。在一條道路被視為獨一無二和不可取替時，祂開啟一條自由的道路。祂的勇氣喚起了對豐盛生命和一嘗冒險滋味的渴求。

接受基督的愛是指離開安穩，聽見那邀請。如果我們在禱告中向神開放自己，擺上時間和空間與神一起，就會在心靈的寧靜中聽見那邀請。透過我們身邊的人，即使是最卑微的人，我們聽見那邀請；耶穌一次又一次地透過他們邀請我們，卻從不勉強我們。基督說：「你會不會再次從一開始就擺上信心？我希望透過我所交託給你的東西，使你的人生變得充實，你願意接受我嗎？」我會接受這邀請嗎？還是我會拒絕、離去，令自己名義上自由自在，但實質上卻是孤立自己，成就不了甚麼？認真地看待耶穌的邀請也意味著預備自己，以負擔其他責任：「我要叫你們得人如得魚一樣。」

- 我怎樣可以認真地看待神賜給我的自由？
- 我可以冒些甚麼險去信任他人？

基督，祢開我們的眼睛，使我們看見祢奇妙的憐憫。祢呼召我們：「來跟從我，在我裏面可得安息。」我們都接受。

# 良善的目光

「你眼睛就是身上的燈。你的眼睛若瞭亮，全身就光明；眼睛若昏花，全身就黑暗。所以，你要省察，恐怕你裏頭的光或者黑暗了。若是你全身光明，毫無黑暗，就必全然光明，如同燈的明光照亮你。」

路加福音十一章34至36節

C'est toi ma lampe, Seigneur / Your word, O Lord, is a light

主啊，祢的話語是一道光，在黑暗中照亮我。

根據古老的視覺理論，眼睛不只是用來接收光的，也是用來發光的。所以耶穌才會說：「你眼睛就是身上的燈。」眼睛確實是會發光的燈。這就是那些理論對於有些動物能夠在黑暗中看見東西的解釋。健康的眼睛會發光；有眼疾的眼睛，看一切都是漆黑混亂的。按照耶穌的話，健康的眼睛實在是「單純」的眼睛：看事物大方直接。而有眼疾的眼睛卻是「壞」的眼睛，為嫉妒與仇恨所蒙蔽。耶穌可能熟悉一句猶太人寫的說話：「好人沒有壞的眼睛，因為他同情每個人，包括罪人。」

耶穌所說的：「你的眼睛若瞭亮，全身就光明；眼睛若昏花，全身就黑暗」，可以是指我們的生活質素取決於我們對事物的看法。若你以單純和良善看周遭的事物，你會在光照裏，且會找到你的路。如果你給嫉妒蒙蔽了雙眼，你會在自己的黑暗裏蹣跚而行。

這句說話可能有另一個意思：「如果你眼睛是好的，〔那顯示〕你全身都在光明裏；但如果眼睛不好，〔那表示〕你的身體是在黑暗裏。」這個詮釋與眼睛發出身體裏微妙火光的理論較為吻合，接下來的那句更加證實了這個詮釋：「你要省察，恐怕你裏頭的光或者黑暗了」，重要的是內在的光。如果黑夜在你裏面，你的目光會變得冷酷無情，並會製造麻煩。但若你內裏的生命被光照，並面向愛，即使你自己不察覺，恩慈的目光會在周圍照亮你。

- 為甚麼我們對事物的看法有時混亂，甚至看不見？
- 怎樣可以結束這狀況，可更率直和開放地看事物？
- 我們周遭有哪些狀況需要恩慈目光的光照？

耶穌，我們的喜樂，我們在安靜裏禱告，沒有說話時，我們單純渴望祢同在已經是信心的開端。而在我們的生命中，活水向外湧流：來自聖靈的良善和無私。

# 「你要以大警覺守護的心」

但義人的路徑就像發亮的光，
越照越明，直到大白日。
而惡人的路卻如幽暗；
他們竟不知因何而跌倒。
弟子阿，你要留心聽我的話；
我的訓言你要傾耳以聽；
不可使它偏離你的眼；
要守住於你心中。
因為對得著它的、那就是生命；
就是全身之安康。
你要以大警覺守護的心；
因為生命之泉源由它而出。
你要除掉邪曲的口，
要遠棄乖僻的嘴。
你的眼要向前正視著，
你的眼光要向前面直看。
要修平你腳下的轍跡，
你一切所行的就得以穩定。
不可偏向右或偏向左；
要使你的腳遠離壞事。

箴言四章18至27節（《呂振中譯本》）

Spiritus Jesu Christi *Dominius Jesus Christus*

(May the Spirit of Christ Jesus, the Spirit of love, confirm your heart.)

願耶穌基督的靈，愛的靈，堅穩你心。

我們有「義人的路」和「惡人的路」兩條路去選擇。選擇正直並不保證我們會成功，但不偏向左右的人的生命是扎根於應許的。這些人的生命有方向，就像「發亮的光，越照越明，直到大白日」。另一條路上事物愈來愈狹窄，人們會走到盡頭而不自知。

我們要特別留意我們的說話，以及我們如何看待他人。「你要除掉邪曲的口」，我們要說誠實話和守承諾。我們能夠相信別人的話，信任才能夠增加，謊話、半真半假的說話和欺騙的說話都會令人懷疑，使人彼此不信任。「你的眼光要向前直看。」一種坦率、大方地看待事物的態度闡明所看的是甚麼。它改變我們周遭的生命，使之變得更平和、更美麗。但那些雙眼被嫉妒蒙蔽而變得詭詐的人，卻使自己和他人陷入心中的黑暗與迷茫。

因此，「你要以大警覺守護的心」，這裏的「心」是指個人的內心深處，他／她內在的生命，是成為行動和說話之前所醞釀成形的地方。但內心是最重要的，是「生命之泉」，聖靈在那裏藏著叫人意想不到的資源。我們不是要製造泉源，乃是要確保它可自由地湧流。耶穌說：「善人從他心裏所存的善就發出善來」（路六45）。留心我們內在的生命如同看守珍貴寶物一般，會使我們的性情常存各種美善的東西。

- 甚麼幫助我們去作每天必需的抉擇？
- 甚麼行為可幫助我堅固信心？怎樣的態度會惹起猜疑？
- 我怎樣可以留意著自己的內心？我怎樣可以注意那泉源，就是聖靈令它湧流的？

聖靈，不要讓我們心裏憂愁，在夜間請保守我們，賜我們喜樂。

# 由疑惑到相信

那十二個門徒中，有稱為低土馬的多馬；耶穌來的時候，他沒有和他們同在。那些門徒就對他說：「我們已經看見主了。」多馬卻說：「我非看見他手上的釘痕，用指頭探入那釘痕，又用手探入他的肋旁，我總不信。」過了八日，門徒又在屋裏，多馬也和他們同在，門都關了。耶穌來，站在當中說：「願你們平安！」就對多馬說：「伸過你的指頭來，摸我的手；伸出你的手來，探入我的肋旁。不要疑惑，總要信！」多馬說：「我的主！我的神！」耶穌對他說：「你因看見了我才信；那沒有看見就信的有福了。」

約翰福音二十章24至29節

Da pacem cordium (canon) **Da pacem Domine*

(Give peace to our hearts.)

求賜我們的心平安。

跟多馬一樣，耶穌復活後向門徒顯現時，我們都不在場。我們很多時候跟多馬一樣，在親眼見到、摸到後才肯相信。

耶穌對我們的愛沒有因我們不容易相信而減少。耶穌再次來到。我們恐懼、缺乏信心，耶穌來與我們一起，正如祂對門徒，特別是多馬所做的一樣。

復活基督惹人注目的地方，是祂存在的簡樸。我們可以想像，身為復活主，祂會滿有榮耀和大能到來。可是，門徒只是憑這句話認出祂：「願你們平安！」（約二十26）聖經裏「平安」（*shalom*）一詞的意思是，比沒有衝突更和平。生命得以完全，是神的祝福。

相信神即是向意料之外的存有開放自己：「不要疑惑，總要信！」（約二十27）的確，喜樂的人是那些未看見就已經相信的，這些人生命得以完全。正如彼得其後所寫：「你們雖然沒有見過他，卻是愛他；如今雖不得看見，卻因信他就有說不出來、滿有榮光的大喜樂」（彼前一8）。

- 耶穌告訴多馬：「不要疑惑，總要信！」這句話對我有甚麼意義？
- 當我面對未知的景況，會因而不知所措，甚麼幫助我克服恐懼，繼續信心之旅？
- 約翰福音裏基督最後的祝福：「那沒有看見就信的有福了。」對我來說有甚麼意義？

耶穌基督，當我們認為自己是孤單的，祢在。假如我們似乎有疑惑，祢對我們的愛也不會減少。因為祢，基督，我們敢於冒險。因此我們留心聽祢的話語：「那些為愛獻出生命的，將會尋見。」

# 結合愛與知識

我若有先知講道之能，也明白各樣的奧祕，各樣的知識，而且有全備的信，叫我能夠移山，卻沒有愛，我就算不得甚麼。

哥林多前書13章2節

## El alma que anda en amor

(The soul filled by love neither tires others nor grows tired.)

充滿愛的靈不會使人疲乏。

在寫給哥林多教會的書信中，保羅反對一種看法，就是將基督信仰局限於抽象和理論的理解。保羅擁有驚人的團隊意識，他拒絕接受抽象的基督教所容許的個人主義、分裂（參一11～12）、結黨分派的思想。基督所顯明的神一直都在進行集合各族的計劃。屬靈的恩賜是為這計劃效力所必要的（參十二～十四章）。

基督信仰建基於歷史，並非建基於抽象的理論。它與我們的肉身，就是我們自己處於現實世界當中（參五章）。對保羅來說，神祕主義與倫理是不可分割的。我們就是以這副身軀等候復活（參十五章）。復活已經開始，是真的，但我們等候勝過死亡的完全表現，也是真的。

在這封信中，我們不時會感受到作者希望避免別人誤解他的意思。這一個極具才智的人怎麼會反對知識？怎麼他無比神祕，竟會反對屬靈恩賜？他當然知道縱然基督信仰超越了合理性的界限，但總不會與理性抵觸（參一30）。而為了走在信仰道上，我們需要思考（不然的話保羅寫信給哥林多教會只會是白費心機）。保羅將知識與愛聯繫在一起。沒有愛或並非引導我們走向愛的知識，是可疑的。

在第十三章我們會明白為甚麼「愛」對於保羅來說如此寶貴，他所寫的傑出篇章絕非出自虛假之情。任何人以這章所描寫的愛去愛，都永不會被誘騙至不真實的靈性之中。

- 我生活的哪些方面是有時只流於理論的？
- 保羅在第十三章所描述的愛的事實，如何幫助我們找到方法實踐信仰？

耶穌基督，即使我們的信能夠移山，要是沒有活出仁愛，我們會是甚麼？祢愛我們。若沒有聖靈住在我們心裏，我們會是甚麼？祢愛我們。祢承受一切，使我們可以信靠神，祂不想人類受苦、憂傷。復活基督的聖靈，憐憫的聖靈，讚美的聖靈，祢對我們的愛永不消失。

# 臉上的光

耶穌看見這許多的人，就上了山，既已坐下，門徒到他跟前來，他就開口教訓他們。

馬太福音五章1至2節上

## The Beatitudes

1- Happy all, who are poor in spir-it: for the king-dom of heaven is theirs.
2- Happy all those who now are weep-ing: the joy of God will com-fort them.
3- Happy all the hum-ble, the gen-tle: for the earth one day will be theirs.
4- Happy all, who for just-ice hun-ger: they shall re-ceive their heart's de-sire.
5- Happy all, who for-give-ness of-fer: for they shall al-so be for-given.
6- Happy all with hearts clear and sim-ple: for they shall come to see their God.
7- Happy all cre-a-tors of true peace: they shall be called children of God.
8- Happy all suffering per-se-cu-tion: for the King-dom of heaven is theirs.
9- Happy all, who per-se-vere for Christ: for in God they'll be filled with joy.

1. 虛心的人有福了！因為天國是他們的。
2. 哀慟的人有福了！因為他們必得安慰。
3. 溫柔的人有福了！因為他們必承受地土。
4. 飢渴慕義的人有福了！因為他們必得飽足。
5. 憐恤人的人有福了！因為他們必蒙憐恤。
6. 清心的人有福了！因為他們必得見神。
7. 使人和睦的人有福了！因為他們必稱為神的兒子。
8. 為義受逼迫的人有福了！因為天國是他們的。
9. 為基督持守的人有福了！因為他們在神裏將充滿喜樂。

這節聖經是登山寶訓的引子。為甚麼在聽這段關鍵經文及接下來整個山上的講道前，我們首先要望著耶穌？毫無疑問，對馬太來說，登山寶訓並不是一套哲學，不是抽象的信息，不是沒有耶穌也可以獨立存在的教導。只因為有耶穌，登山寶訓才是真實的。祂在那裏起先是為了窮人、哭泣的人、在世上沒有生存空間的人。若祂為了這些人而在那裏，他們就稱為喜樂的。

馬太福音提及聽講道的人，希望藉此讓我們明白所說的話適用於每一個人，而不單只是信仰的精英。馬太加上「門徒到他跟前來」，結束他所申明的，並加上細微分別。耶穌所說的是給所有人的信息，但我們還是要靠近耶穌，開始跟隨耶穌的腳步。登山寶訓的真理只會向那些敢於冒險把它活出來的人顯明。

耶穌自己就是第一個敢於冒這個險的人。如果我們閱讀這段經文時開放自己，我們不會找到抽象的真理，卻會找到臉光——神的承諾、存在和行事的方式。耶穌是真正貧窮的人，祂完全依賴祂的父，祂也是那位在祂裏面可找到神國的。祂沒有安枕的地方，也是那位世界為祂所有的，祂本身有最大的憐憫、最純潔的心，祂是和平使者。基督的教導跟祂本人不可分割。

- 當我們明白基督的教導與祂在我們中間的關係，我們裏面有甚麼改變？
- 你認為為甚麼登山寶訓裏會用「快樂」去形容我們不會如此形容的情況？

我們的希望耶穌，祢來使我們成為福音書裏面謙卑的人。我們深深渴望明白藉單純的信心得建立就是最好的，連小孩子也能做到。

# 地上的信心之旅

亞伯拉罕因著信，蒙召的時候就遵命出去，往將來要得為業的地方去；出去的時候，還不知往哪裏去。他因著信，就在所應許之地作客，好像在異地居住帳棚，與那同蒙一個應許的以撒、雅各一樣。因為他等候那座有根基的城，就是　神所經營所建造的。因著信，連撒拉自己，雖然過了生育的歲數，還能懷孕，因她以為那應許她的是可信的。所以從一個彷彿已死的人就生出子孫，如同天上的星那樣眾多，海邊的沙那樣無數。這些人都是存著信心死的，並沒有得著所應許的；卻從遠處望見，且歡喜迎接，又承認自己在世上是客旅，是寄居的。說這樣話的人是表明自己要找一個家鄉。他們若想念所離開的家鄉，還有可以回去的機會。他們卻羨慕一個更美的家鄉，就是在天上的。所以神被稱為他們的神，並不以為恥，因為他已經給他們預備了一座城。

希伯來書十一章8至16節

Nada te turbe / Nothing can trouble

不再有憂慮，不再有害怕；與主在一起，甚麼都不缺。不再有憂慮，不再有害怕，有主就滿足。

希伯來書八章是神子民於生活中對信仰的默想。信仰並不單純是同意理性的真理，而是人類以生命作為朝聖之旅的生存態度。最佳的例子就是亞伯拉罕，他「出去的時候，還不知往哪裏去」。他誠然並非只是一直漂泊；他服從神的指示，捨棄原有舒適的生活，面向眼前無限的視野。相同的事對他的妻子撒拉也是真實的。超越了很多人以為的人類智慧，相信那甚至能夠勝過死亡的獨特的一位，於是不可能的變成了可能。

書信作者更進一步分析。他們因著信靠神得到實在的結果——土地、後代——就沒有停止他們的旅程。他們像朝聖一樣繼續他們的生活，因為他們明白到神與他們的關係比神賜下的任何恩典都更重要。作者稱之為「在天上的家鄉」、或「一座城」，而那是他信仰之旅的最終目標：全然與神分享的生命，其中包括與那些在這路上的人分享的生命。歸根結柢，信靠神即是察覺到在神可以並會給我們的指示以外，我們自己也會改變，由此我們漸漸可以進入神的完全。

- 我在甚麼時候需要活出信仰，如邁向未知的前路一般？甚麼讓我開展前路？
- 安定下來的誘惑在我生命中是怎樣表現出來的？我在哪裏可以找到重新開始的力量？

萬愛之神，當我們從一開始就去相信，祢就用福音的生氣充滿我們。

# VI 學習去愛

# 為所愛的人捨命

「人為朋友捨命，人的愛心沒有比這個大的。你們若遵行我所吩咐的，就是我的朋友了。以後我不再稱你們為僕人，因僕人不知道主人所做的事。我乃稱你們為朋友；因我從我父所聽見的，已經都告訴你們了。不是你們揀選了我，是我揀選了你們，並且分派你們去結果子，叫你們的果子常存，使你們奉我的名，無論向父求甚麼，他就賜給你們。我這樣吩咐你們，是要叫你們彼此相愛。」

約翰福音十五章13至17節

Grande est ta bonté / There can be no greater love

為所愛的人捨命，世上沒有比這更大的愛。哦，稱頌主，我們的神，祂的恩典豐富！

「人為朋友捨命，人的愛心沒有比這個大的。」（13節）耶穌在即將受難和復活前，把祂整個人生的意義總結為幾個字：為愛獻出祂的生命。

無論我們的人生旅程走到哪裏，可能這都是我們心中所充滿的渴望：我可否把愛放在人生首位，視它為比其他所有事物都更重要的計劃，可驅使我在人生各個領域裏作抉擇和行動？

我們如此迫切地渴望的時候，這渴望可能會令我們擔心。它有甚麼意思？限制它會不會好些？這渴望很深，深到我覺得我就是這渴望的源頭，而我是這渴望的惟一負責人。但其實這看法太過狹隘。這渴望越過我自己。我帶著這渴望，不過它的來源在別處，而只有遇上我自己以外的他者，就是那給我相交機會的，這渴望才有完整的意義。

基督明白我這渴求；祂知道這渴求的力量。祂知道這渴望會擾亂我，使我察覺到自己的不足，知道自己無法滿足這渴望，為它帶來意義。但當我明白到我不是愛的源頭，我也不是喜樂、平安、饒恕的源頭時，基督可以使我的渴望得到滿足。

- 我在甚麼時候發現我充滿了這超越自己的渴望？
- 我是怎樣從他人的尋索裏找到扶持？我這種經歷可以怎樣照亮他人？

耶穌基督，祢呼召我們為愛獻出生命。即使我們每個人裏面或多或少都會有黑暗，祢，祢的聖靈仍然會在那裏。

# 愛生命

你們都要同心，彼此體恤，相愛如弟兄，存慈憐謙卑的心。不以惡報惡，以辱罵還辱罵，倒要祝福；因你們是為此蒙召，好叫你們承受福氣。

因為經上說：人若愛生命，願享美福，須要禁止舌頭不出惡言，嘴唇不說詭詐的話；也要離惡行善，尋求和睦，一心追趕。

彼得前書三章8至11節

## Qui regarde vers Dieu

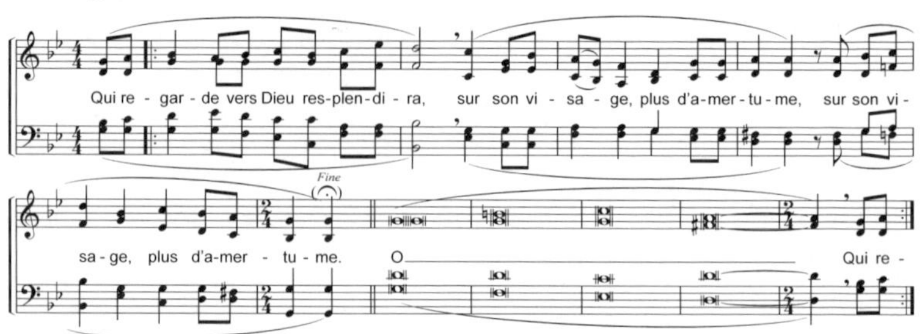


(Look to God and you will shine, all bitterness gone from your face.)

仰望神，你就會光亮，臉上苦澀盡去。

彼得寫作的對象是「愛生命」的人。他同意聖經傳統申明誡命的目的是使我們喜樂（參申五16、29、33節等）。他在這裏給予尋求和睦的清晰指引，有和睦的地方，生命是美好的。和睦是脆弱的、不能強加的，是膽小的，小事便足以令它逃走，所以我們要「追趕」它。我們要非常留神，才能跟得上和睦的腳步。

首先，我們要尋求同心。這並不是說我們凡事都必須有相同的見解。全體一致是更深入的東西，是指即使有時我看不到具體迹象，也去相信聖靈在別人身上的工作跟在我身上所做的相同。人與人之間的愛是透過同情和憐憫表達出來的。那些與喜樂的人同樂，與困苦的人一同痛苦的人（參羅十二15），擁有同一顆心，同一個靈。

謙卑的靈在於看每個人為值得服事的。尋求和睦指不「以惡報惡，以辱罵還辱罵」。基督徒蒙召去停止惡事循環增多，阻止傷害和羞辱人傳人，甚至一代傳一代。寬恕是被動的相反，是一種抵擋邪惡的方式，阻止那致死的壞影響散播。「要祝福，好叫你們承受福氣」也意味著因愛生命，去包紮傷口而不是使傷口外露。

- 使我們住的地方生活美好，所需要的是甚麼？
- 當我們遭惡劣對待而受傷害，我們怎樣可以繼續去愛？
- 我們怎樣可以成為「鎖鏈的最後一環」，終止羞辱的惡性循環？我們怎樣可以拿走傷害性言語和行為所帶來的苦毒和損害？

耶穌基督，許多小孩和年輕人被人遺棄，留下終身的傷痕；他們在世上彷彿陌生人。他們當中有人感到疑惑：「我的生命還有意義嗎？」而祢向我們保證：每次你舒緩無辜人的苦楚，你都是為我，基督而做。

# 使我們周遭的生命變得美麗

最要緊的是彼此切實相愛，因為愛能遮掩許多的罪。

彼得前書四章8節

Crucem tuam

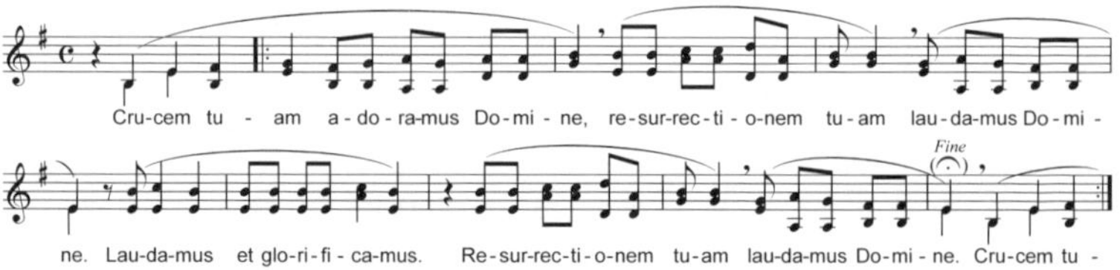


(We adore your cross, Lord. We praise your resurrection.)

我們崇拜祢十架，主。我們讚美祢的救恩。

每天我們都可能會犯錯，甚至可能會犯下嚴重的錯誤。由使徒時代起，一個問題就湧現了，新約聖經也沒有隱瞞這個問題：若聖靈已經澆灌下來，為甚麼連那些努力跟隨基督的人也會犯錯？

使徒彼得沒有直接回答這個問題，但他展示了人們因自己犯錯而沮喪的出路：「最要緊的是彼此切實相愛，因為愛能遮掩許多的罪。」這裏彼得是受到聖經箴言啟發：「恨能挑啟爭端；愛能遮掩一切過錯。」（箴十12）愛怎樣「遮掩」過錯，甚至罪惡？「遮掩過錯」是很難做到的，但意思不是說否認或隱瞞過錯，而是努力拿走過錯的禍害，減低過錯的殺傷力。愛「遮掩」過錯就好像起火時拋出濕毛巾蓋過那火一樣，重要的是要趕快行動。不然就很難在所有東西被燒光以前把火撲滅。嚴厲或魯莽的說話，遺忘或疏忽，挫敗和冒犯，就像火花一樣可以變成破壞的火燄。愛可以「遮掩」這些過錯，制止它們的可怕破壞力萌芽。

「遮掩過錯」是與被動完全相反的態度，以彼得所說的「切實相愛」去抵銷過錯，需要的能力可以是超乎常人的。聖靈在這方面會支持我們，縱使我們在失落當中，有時聖靈可以提出令人意想不到的方法去令生命變得美麗。

- 我們怎樣面對已經犯下了的過錯？我們可以怎樣減低甚至除去過錯的殺傷力？
- 當我因為自己或他人的過錯而感到失落時，甚麼引發我「切實相愛」？

復活的耶穌，在我們已翻土的生命裏，祢播下信心的種子。

起初細小的種子，可以在我們裏面成為最清楚的福音的事實之一。它使人心一直保持良善。

## 鬆開凶惡的繩

我所揀選的禁食不是要鬆開凶惡的繩，
解下軛上的索，
使被欺壓的得自由，
折斷一切的軛嗎？
不是要把你的餅分給飢餓的人，
將飄流的窮人接到你家中，
見赤身的給他衣服遮體，
顧恤自己的骨肉而不掩藏嗎？
這樣，你的光就必發現如早晨的光；
你所得的醫治要速速發明。
你的公義必在你前面行；
耶和華的榮光必作你的後盾。
那時你求告，耶和華必應允；
你呼求，他必說：我在這裏。
你若從你中間除掉重軛
和指摘人的指頭，並發惡言的事，
你心若向飢餓的人發憐憫，
使困苦的人得滿足，
你的光就必在黑暗中發現；
你的幽暗必變如正午。
耶和華也必時常引導你，
在乾旱之地使你心滿意足，
骨頭強壯。
你必像澆灌的園子，
又像水流不絕的泉源。

以賽亞書五十八章6至11節

Benedictus (canon)

(Blessed is the one who comes in the name of the Lord.)

奉主名來的，是應當稱頌的。

解除繩索的所有軛，拒絕一切各種破壞……壓制了的破壞往往在我不知情的情況下深深藏在我的傷口裏，就好像綁在心上的止血繃帶那樣，扭曲了我和他人的關係。拒絕破壞是指與他人初次接觸時就開始信任他人。

提供食物、衣服、居所都是滿足人的基本需要和權利，但同時也代表照顧、教育、聆聽、給予工作……也就是承認並且讓他人發揮他們裏面屬於人的一切，因為他們是「我的骨肉」。這也是使人得以存活，減輕痛苦，回復生命的美好和意義。

「顧恤自己的骨肉而不掩藏」；愛他人如同愛自己一樣。先知以賽亞注意到這樣可以使自己的傷口得醫治，並且可使自己盡情流露自己的情感。愛人如己看起來是道德上的要求，卻是首先使我能夠活出完整的自己！

這樣就為神的榮耀和復活的光作準備，也就是神愛的美麗——關心所有關乎人的，以及人們具創意地服事的可能。神靠著人的愛心，為世人所認識。

- 我的生命怎樣可以成為光和泉源，使他人見到自己的能力和恩賜？
- 與他人相遇或照顧他人怎樣使我的生命得改變、醫治，或使我的生命有新方向？

憐憫的神，祢深知我們渴望成為祢的反映，並使那些祢託付給我們的人的生命變得美麗。

# 「我怎樣愛你們」

耶穌就說：「如今人子得了榮耀，神在人子身上也得了榮耀。神要因自己榮耀人子，並且要快快地榮耀他。小子們，我還有不多的時候與你們同在；後來你們要找我，但我所去的地方你們不能到。這話我曾對猶太人說過，如今也照樣對你們說。我賜給你們一條新命令，乃是叫你們彼此相愛；我怎樣愛你們，你們也要怎樣相愛。你們若有彼此相愛的心，眾人因此就認出你們是我的門徒了。」

約翰福音十三章31至35節

## Gloria, gloria (canon)

(Glory to God in the highest.)

榮耀歸予至高神。

為甚麼耶穌會在自己將會羞辱地死去時談及榮耀？（「榮耀」這詞在31至32節出現了五次！）是愛榮耀「人子」，因為耶穌毫無保留地愛，所以祂已經「得榮耀」了。當猶大出去找那些來逮捕耶穌的人時，死亡已經迫近，耶穌即將要為祂所愛的人捨命。愛的榮耀即將在十架上永遠閃耀。「神要因自己榮耀人子，並且要快快地榮耀他。」意思是：神會高舉耶穌，使祂可以永遠在任何地方時常去愛，為世界獻出生命，不受時間空間限制。

耶穌知道門徒在憂傷和困惑的時候尋找祂，因此告訴他們在哪裏可以找到自己。耶穌並非在遙遠不能到達的地方，而是在門徒彼此的愛裏。耶穌叮囑門徒，要他們去愛。這是一條「新命令」，因為耶穌不只下命令或給門徒樹立榜樣，還把祂的愛放在門徒心中，是祂為自己離去而留下給他們的。在約翰福音裏，這新命令在聖餐裏確切實行，就是熟悉其他福音書的人所預期找到的。基督獻出自己，給予我們愛的能力。神不但表達了祂的旨意，祂在我們裏面工作，幫助我們做到祂希望我們做到的。

不單信徒在彼此相愛中遇上基督，這愛也是使其他人覺得這信仰是可靠的、可接近的惟一事實（參35節）。

- 我可以在哪裏找到耶穌？
- 我們可以怎樣使周遭的人覺得信仰是可靠的？

我們的喜樂耶穌，當我們裏面的渴望湧現，要符合祢對我們的期望，我們明白祢邀請我們去愛，如同祢愛我們那樣。

# 使他們都合而為一

「我不但為這些人祈求，也為那些因他們的話信我的人祈求，使他們都合而為一。正如你父在我裏面，我在你裏面，使他們也在我們裏面，叫世人可以信你差了我來。」

約翰福音十七章20至21節

## Rendez grâce au Seigneur / O give thanks

哈利路亞。

哦，為主的恩典感恩，因祂的愛永不止息，哈利路亞！

哦，為復活的基督我們的主感恩，因祂的愛永不止息，哈利路亞！

哦，為生命的聖靈感恩，因祂的愛永不止息，哈利路亞！

耶穌以祂與父的相交為基礎和榜樣，讓門徒信仰的成長取決於他們是否合一。

基督門徒的合一是「叫世人可以信」所必要的，也是與耶穌託付給他們的使命：「你們往普天下去，傳福音給萬民聽」（可十六15）結合在一起的。

基督徒被邀請活出這雙重忠誠：奉差遣出去及合一，兩者並非相對的兩極，而是同一個硬幣的兩面。合一是作見證的先決條件和見證的實在。教會在歷史裏繼續擴展，這合一也要散播開去，在這處境中實在地實踐和顯明出來。

我們信靠神，活出信仰，因而使我們首先投入去尋求合一。彼此相愛成為了引導我們去尋求真理、服事及禱告的基本條件。

全心投入相交的人所做的，是令世人相信基督所必須要做的。「那形體卻是基督」（西二17）。

合一並不是只會令人洩氣的遙不可及的理想。在父、子、聖靈的相交中，合一早已存在。人們蒙召仿效三位一體的神，在同樣相交的合一裏成為不同的人。

- 合一的責任在甚麼情況下已交付給我？
- 這合一，「保持在一起」，是與他人分享信仰所必需的，在我們分散，並餘下極少精力和時間的情況下，我們怎樣可以把它活出？
- 我的個人見證與委身於本地社羣的生活怎樣拉上關係？

永活的神，我們讚美祢，因為許多男人、女人、年輕人及小孩在世上努力作和平、信靠、復活的見證。各時代神聖的見證，由使徒和馬利亞起直至今天，使我們可以每天從內心擺上我們對信仰奧祕的信心。

# 你是神的喜樂

正當那時，耶穌被聖靈感動就歡樂，說：「父啊，天地的主，我感謝你！因為你將這些事向聰明通達人就藏起來，向嬰孩就顯出來。父啊！是的，因為你的美意本是如此。一切所有的都是我父交付我的；除了父，沒有人知道子是誰；除了子和子所願意指示的，沒有人知道父是誰。」

路加福音十章21至22節

Jubilate cœli (canon) / Heavens sing with gladness

天空，快樂地歌唱；大地，唱出歡樂；耶穌基督已經從死裏復活。阿們！

喜樂通常都被認為是我們努力的成果，例如對於往往一瞬間可反叫人終日擔憂的事情，把它做好帶來滿足感。但是在聖經裏，喜樂是於每個新開始出現的：在暴政的威脅下，天使為新生孩童基督歌唱的首個聖誕前夕；即使門徒並未清楚發生何事的復活節裏；在五旬節期間顯明，當安慰的聖靈給予機會，藉每個人述說神的奇妙。

喜樂也在每次相遇之始存在。耶穌在福音書裏的這份歡樂就是叫我們為自己尋找喜樂的邀請。其他人是喜樂的源頭，不是因為他們可帶給我滿足感，而是他們每個人都是神獨特所愛的，都是神託付給我的。你是神的喜樂，神也希望你是我的喜樂。神希望聖靈使我的眼睛明亮，讓我隨時準備好，正如我往往判斷他人般。神希望我的心更能包容，期待的盼望在我裏面給喚起。

我不用負責製造我自己的喜樂（不然我的人生會被對滿足感的追尋與沮喪的威脅撕裂），但我卻要持續渴求喜樂。我有責任去把我遇到的所有障礙都交託給神，讓神把我的石心轉化為一顆愛人的心。靈性導師薩羅夫的聖塞拉芬（Saint Seraphim of Sarov）向每一個探訪他的人問好說：「我的喜樂！」這會不會就是他所找到的路？

- 甚麼幫助我在遇見的每個人裏面找到「我的喜樂」？
- 甚麼「新生的」是我生命裏感恩的原動力？

基督，祢希望每個人都得到喜樂——直接從福音而來的快樂。而我們心裏的平安可以使周遭的人的生命變得美麗。

# 「你們是世上的光」

「你們是世上的鹽。鹽若失了味，怎能叫它再鹹呢？以後無用，不過丟在外面，被人踐踏了。你們是世上的光。城造在山上是不能隱藏的。人點燈，不放在斗底下，是放在燈臺上，就照亮一家的人。你們的光也當這樣照在人前，叫他們看見你們的好行為，便將榮耀歸給你們在天上的父。」

馬太福音五章13至16節

Gloria...et in terra pax (canon)

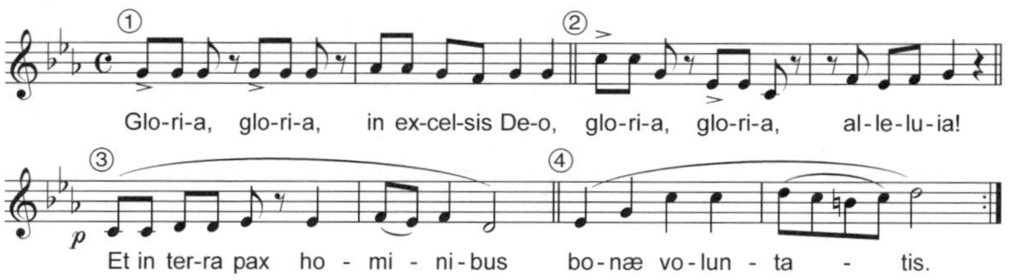


(Glory to God in the highest and on earth peace to people of good will.)

榮耀歸予至高神，平安歸予地上善良的民。

人羣中有著各種各樣不同的人，耶穌對他們說出祂在他們裏面所看到的。「你們是世上的鹽……世上的光。」我們可以想像到他們有多驚訝！祂並非談論將來，而是在談論現在。祂不是說「要是……有一天你們會……」，而是「你們**是**……」耶穌看到聽眾隱藏的內心，他們最內在的身分，祂希望將之顯明出來。我們讀著這些話時，耶穌令我們認識自己是甚麼，是我們仍然看不見的。

世上的鹽，耶穌似乎在說，人生就像食物一樣，是需要調味的。如果生活似乎淡而無味，我們怎樣可以生活？聽從基督的話的人透過尋求永活的神和祂的國，為他們遇見的所有人帶來這調味。他們不單以品格，更以他們對神的渴求喚醒他人體味人生。

世上的光。以下這兩個形象：在山上的城及屋內的燈，說明了已經存在和發光的事物是不可能隱藏的。耶穌說，我們要做的不是要展示神給我們的恩賜，而是單單不要隱藏。我們所需要做的，只是讓神放在我們裏面的光照耀。透過「你們的好行為」，即是對身邊的人的關懷，神令我們感到與祂接近。

- 我認識的人當中，誰是「世上的鹽」、「世上的光」？他們有甚麼打動到我？
- 耶穌的話怎樣照亮我的生命和我熟悉的狀況？我怎樣可以意識到耶穌的話「你們是世上的鹽和光」是對我說的，且敢於認真看待這話？

我們的平安耶穌，當有人信心動搖時，求祢使我們持守祢的福音，讓我們伴著為困惑苦惱的人。

# 以憐憫去愛

「你們若善待那善待你們的人，有甚麼可酬謝的呢？就是罪人也是這樣行。你們若借給人，指望從他收回，有甚麼可酬謝的呢？就是罪人也借給罪人，要如數收回。你們倒要愛仇敵，也要善待他們，並要借給人不指望償還，你們的賞賜就必大了，你們也必作至高者的兒子；因為他恩待那忘恩的和作惡的。你們要慈悲，像你們的父慈悲一樣。你們不要論斷人，就不被論斷；你們不要定人的罪，就不被定罪；你們要饒恕人，就必蒙饒恕（饒恕：原文是釋放）；你們要給人，就必有給你們的，並且用十足的升斗，連搖帶按，上尖下流地倒在你們懷裏；因為你們用甚麼量器量給人，也必用甚麼量器量給你們。」

路加福音六章33至38節

I am sure I shall see

我確信我會在活人之地上看見主的慈愛。沒錯，我會看見我們神的慈愛，抓緊，信任祂。

我們怎樣可以明白耶穌所說的話：「不要論斷人……不要定人的罪」？這話有時被認為是指那些過分嚴苛的論斷，不過是有人認為，若是這樣，為甚麼耶穌不說：「要溫和地論斷人，不要嚴苛地定人的罪」？那麼，耶穌的意思是甚麼？耶穌緊接下來的話可以正確指引我們。耶穌說：「你們……就不被論斷……就不被定罪。」耶穌的話不但叫我們不去論斷他人，還使我們不必擔心自己受到可能應受的論斷，帶我們離開這公義與論斷的世界。

我們可以兩種不同的方式離開「公平」（'justice'）。一種是胡作非為，但另一種新的存在方式是福音書裏所說的神的國。浪子回頭得到歡迎，酉初才工作的人收到的工資（參路十五11～32；太二十1～16）都並非嚴厲地談及「公平的」。不過天國憐憫的準則是另一回事，那是「十足的升斗，連搖帶按，上尖下流地倒在你們懷裏」（路六38）。

我們用批評和要求去處理一個局面時，最好的情況是我們得到我們所想的公正和公平。但要是神想給我們更多，要讓我們看見沒有預料過的呢？天國就是這麼令人驚訝。某天，耶穌對那些以論斷和定罪去解決問題的人說：「你們……把天國的門關了，自己不進去，正要進去的人，你們也不容他們進去。」（太二十三13）不論斷即是一直開我們的眼睛去看神的奇妙，在我們及他人的生命裏迎接這份奇妙。

- 「以憐憫去愛」對我來說有甚麼意義？
- 在甚麼情況下，批評和要求使我們無法知道神想要給我們甚麼？

存在的奧祕，聖靈，祢深入我們裏面，知道我們的渴望。祢知道我們的意向：以心裏無限的良善與祢的憐憫相交。

# 為愛獻出的生命

「因為，凡要救自己生命的，必喪掉生命；凡為我喪掉生命的，必救了生命。」

路加福音九章24節

Laudate Dominum / Sing, praise and bless the Lord

歌唱、讚美並稱頌神。萬民！萬國！哈利路亞！

耶穌來，以致人們可以得到「豐盛的生命」，祂來是拯救那些「失喪的人」。祂不想約束人的生命，而是想人們從妨礙生命的事物中得釋放。

那些在失敗的威脅下只會想到挽救自己的人，恐懼是他們行動的動力。他們總是懷有戒心，試圖保護自己，拒絕作任何新嘗試。結果，別人成為了他們的競爭對手或威脅。

所有獻出生命的人可免於不斷盤算著：「我可得到甚麼回報？我會輸掉甚麼？」要是他們願意成為自己和他人眼中的「失敗者」，那是因為他們那白白得到的恩賜對他們重要，比任何事物都更重要。他們不試圖說服他人，控制或引誘，反而能夠服事他人，照顧他人，支持他人。由此他們建立了信任。他們的自由成為了沒有限制的相交；他們可存活至永生。

獻出是一個順序。如果我們活著而又能夠去愛，那是因為其他人愛我，而我也期望被他人接受。如果我希望他人的生命美麗，那是因為我認為生命是有意義的。我從他人得了生命，於是我也向他人獻出生命。

耶穌是這真理的完美見證：獻出生命的時候，生命的豐盛意義就呈現。因為祂是神的兒子，祂徹底地活出了植根於天父的愛的生命，因為愛世人，祂能夠獻出生命、身體和寶血。在祂眼中，我們比祂自己更重要。祂的恩賜成為我們能夠獻出自己的源頭。倚靠著耶穌，我們也可以超越軟弱和恐懼，有信心活出愛的生命。

- 我怎樣可以使他人為我生命中的最愛而驚歎？
- 甚麼提醒我人類、受造物、生命是神所寶貴的？

我們的喜樂耶穌，一直與祢同在令我們明白到福音呼召我們獻出生命。即使我們忘了祢，祢仍然愛著我們，並差聖靈臨到我們。